SCOTTish Gaelic
£2 T

CLANN-NIGHEAN AN SGADAIN

Tormod Calum Domhnallach agus Leslie Davenport

STORNOWAY.

acair

D1465164

Air fhoillseachadh an Alba an 1987 le Acair Earranta,
7 Sràid Sheumais, Steòrnabhagh, Leòdhas.

Chaidh an leabhar seo a bharantachadh
leis a' Chomann Leabhraichean, agus chuidich an Comann sin am foillsichear
le cosgaisean an leabhair.
ISBN 0 86152 053X

Air a chlò-bhualadh le Nevisprint Earranta, An Gearasdan.

An gàire mar chraiteachan salainn
ga fhroiseadh bhom beul,
an sàl 's am picil air an teanga,
's na meuran cruinne, goirid a dheanadh giullachd,
no a thogadh leanabh gu socair, cuimir,
seasgair, fallain,
gun mhearachd,
's na sùilean cho domhainn ri fèath.

B'e bun-os-cionn na h-eachdraidh a dh'fhàg iad
'nan traillean aig ciùrairean cutach,
thall 's a-bhos air Galldachd 's an Sasainn.
Bu shaillte an duais a thàrr iad
às na mìltean bharaillean ud,
gaoth na mara geur air an craiceann,
is eallach a' bhochdainn 'nan ciste,
is mura b'e an gàire
shaoileadh tu gu robh an teud briste.

Ach bha craiteachan uaille air an cridhe,
ga chumail fallain,
is bheireadh cutag an teanga
slisinn à fanaid nan Gall —
agus bha obair rompa fhathast
nuair gheibheadh iad dhachaigh,
ged nach biodh maoin ac':
air oidhche robach gheamhraidh,
ma bha siud an dàn dhaibh,
dheanadh iad daoine.

Ruaraidh MacThòmais

CLANN~NIGHEAN
Scotch Cure
AN SGADAIN

Scotch Cure

O bha daoine air talamh bha iad ag àiteach a' chuain, a' glacadh èisg airson ithe, oir is e biadh math a th'anns an iasg. Tha an sgadan fhèin os cionn nan uile, oir tha a cheart uimhir a bheathachadh ann 's a tha san stèig as fheàrr. Cha robh an sgadan riamh cho prìseil 's a bu chòir dha bhith — co-dhiù anns na lathaichean a tha seachad, nuair a bha e cho pailt is gu robh e tighinn air tìr leis fhèin aig amannan.

Carson a bha e cho saor an uair sin? Is dòcha gur h-ann air sgàth nach robh càil aig daoine ri dhèanamh ach a dhol gha iarraidh. Bha an sàl agus a' ghrian a' beathachadh an sgadain, 's cha robh obair neo cosgais air daoine a thoirt gu ìre.

Bha an sgadan beò air planctan, agus tha ceann a' Chuain an Iar air ghoil le planctan aig amannan. Faodar a ràdh gur e am planctan feur na mara. 'S e am feur seo a bhios an sgadan ag ithe, agus mar sin tha e beò air a' bhiadh as fheàrr sa chuan. Aig àm spànaidh tha gach sgadan boireann a' fàgail mu 30,000 ugh air a' ghrunnd, far a bheil iad a' claonadh ri na clachan agus ris an fheamainn às dèidh a' mhealg a ghabhail. An ceann cola-deug neo mìos, a rèir de cho blàth 's a tha am muir, neo mura tèid an ithe aig iasgan eile (tha an adag glè dhèidheil air uighean sgadain), tha na sgadain bheaga a' tighinn a-mach às an ugh. Chan eil annta an uair sin ach 5mm a dh'fhaid, agus tha poca beag le buidheagan aca airson am beathachadh gus am fosgail am beòil 's gu lorg iad biadh dhaib' fhèin. Chan eil iad fhathast ach lag, agus bidh an sruth a' falbh leotha an siud 's an seo.

Feumaidh fios a bhith aig duine air na sruthan a th'anns a' Chuan a Tuath airson siubhal an sgadain a lorg. 'S e am fear as motha dhe na sruthan seo an North Atlantic Drift. Tha an sruth seo a' ruith seachad air cladach Nirribhidh, agus a-rithist timcheall ceann a tuath Alba, sìos dhan Chuan a Tuath. Tha dà sheòrsa sgadain rim faighinn anns na cuantan againn: fear a bhios a' spànadh as t-earrach agus fear a bhios a' spànadh as t-fhoghar. Cho fad' 's a tha fios, bidh an dà ghnè sgadain seo a' cinneachadh air leth bho chèile. 'S e sgadan earraich a gheibhear Tuath air Breatainn, eadar Innis Tìle agus Nirribhidh, agus a-rithist timcheall air na h-Eileanan an Iar. Chan eil sgadan an fhoghair ri fhaicinn ach anns a' Chuan a Tuath a-mhàin.

'S ann an uair a tha an sgadan a' cruinneachadh airson spànadh a bhithear gha ghlacadh. 'S ann anns a' Ghearran agus anns a' Mhàrt, agus a-rithist anns an Lùnasdal is anns an t-Sultain, a bhios an sgadan a' spànadh faisg air Alba. Tha trì seusanan mòra aig iasgach an sgadain: taobh an Ear Alba as t-samhradh; East Anglia as t-fhoghar; agus taobh an Iar Alba sa gheamhradh.

Is fhada bho thòisich daoine a' ruith an sgadain. Fhuaireadh cnàmhan sgadain anns na h-uamhan anns an robh muinntir Bhreatainn a' còmhnaidh còrr air dà mhìle bliadhna air ais.

Sgrìobh an Ròmanach Solinus anns a' bhliàdhna 240 A.D. mu dheidhinn nan daoine a bha beò aig an àm anns na h-Eileanan an Iar: "Chan aithne dhaibh àiteach agus tha iad beò air iasg is bainne." Nuair a thàinig na Sasannaich an toiseach, anns a' bliadhna 495 A.D., bha iasgairean sgadain à iomadh ceàrnaidh ann a Yarmouth. Bhon t-7mh gus an 10mh linn, bha na Lochlannaich ag iasgach an sgadain. Chan eil teagamh nach ann a' ruith an sgadain a bha iad nuair a thàinig iad a-nall an seo an toiseach.

'S e na Danmhaircich agus na h-Olaindich a thug iasgach an sgadain air adhart eadar an dàrna is an 4mh linn deug. Bha iad a' glacadh sgadain agus gha reic ri muinntir na Roinn-Eòrpa a b'fhaisge orra.

'S e ciùrair Duidseach, Uilleam Beucels, anns a' bhliadhna 1386, an duine a thòisich a' sgoltadh sgadain mus deidheadh salainn air. Fhuaireadh a-mach gu seasadh sgadan saillte air a sgoltadh airson bliadhna, agus dh'fhaodte a reic anns an Roinn-Eòrpa air an fharsaingeachd.

Ged a bha na h-Albannaich agus na Sasannaich ri glacadh sgadain airson am math fhèin, cha robh iad idir cho adhartach ri càch. 'S e na Duidsich a thàinig gu bhith riaghladh iasgach an sgadain anns na linntean suas gu 1700.

Ged a bha rìghrean Alba agus Shasainn ri faicinn gu robh beartas mòr ri fhaotainn bhon an sgadan, cha do rinn iad an toiseach ach màl a chur air. Bha sgillinn air gach baraille aig Seumas I, Rìgh Alba. Chuir Seumas V lagh air chois anns a' bhliadhna 1532 a' cur stad air na Duidsich a bha tighinn gu cladaichean Alba a phoidseadh an sgadain. Dh'adhbhraich seo cogadh a mhair trì bliadhna deug eadar an Olaind agus Alba.

Ghabh rìghrean Stiùbhartach Bhreatainn suim san iasgach a-rithist nuair a chuir Teàrlach I air bhonn gum biodh nèibhi làidir aig Breatainn. Ach 's e Cromwell, leis an Navigation Act 1657, a thug an t-iasgach air adhart dhuinn. Leis an Achd a bha seo, chan fhaodadh iasg tighinn a-steach dhan an rìoghachd ach a-mhàin iasg a ghlacte le bàtaichean Breatannach.

'S e bàtaichean-iasgach mòra a bh'ann san latha sin — suas ri leth-cheud tonna, le trì chruinn agus còig deug de chriutha. Dh'fheumadh iad a bhith mòr air sgàth gu robh iad a' ciùradh an sgadain air bòrd. Bha iomadh seusan ann mus do thòisicheadh a' ciùradh an sgadain air tìr.

Thòisich an Riaghaltas ann an 1750 a' toirt seachad *bounties* do dh'iasgairean is do chiùrairean, agus thug seo iasgach an sgadain air adhart anns an rìoghachd seo. Bha an t-iasgach Duidseach a' dol air ais aig an aon àm 's a bha iasgach Alba a' dìreadh suas.

Thàinig ann an 1808 an Achd a stèidhich iasgach an sgadain an Alba chun na h-àirde far an do dh'fhuirich e airson ceud bliadhna, is Alba mar a' phrìomh rìoghachd san t-saoghal air iasgach sgadain. Bha an Achd a bha seo a' toirt £3 gach tonna a chuideam dha gach bàt'-iasgaich a bha deasaichte a rèir nan riaghailtean. Dh'fheumadh mogail nan lìon-sgadain a bhith òirleach a leud. Chaidh an dreuchd a bha na meadhan air sgadan saillte Alba a bhith aithnichte air feadh an t-saoghail a chur air chois — na h-Oifigearan Iasgaich. Dh'fheumadh na baraillean 32 galanan Sasannach a ghabhail. Gheibheadh na ciùrairean 2/- air gach baraille sgadain a bh'air a chiùradh ceart.

Anns a' bhliadhna 1815 thàinig Achd a-mach a thuirt gu feumte an cutadh a dhèanamh le sgian. Roimhe seo, 's e an corragan a bh'aig na cutairean Albannach.

Chaidh am *bounty* air gach baraille a chur suas gu 4/-, ach anns a' bhliadhna 1830 sguir an Riaghaltas gha phàigheadh. Bha obair an sgadain a-nis cho làidir ann an Alba 's gu seasadh i air a casan fhèin. Bhiodh an t-Oifigear Iasgaich a' cur Brand B F air gach baraille a bha ceart, agus bha Scotch Cure a-nis ainmeil air feadh an t-saoghail airson cho math 's a bha e.

Aig toiseach na naodhamh linn deug bha margadh ri faotainn san Roinn-Eòrpa — Stettin, Danzig, Hamburg, St Petersburg — agus chaidh gu math leis na ciùrairean sin a bha a' cur sgadain a-null dhan a' Ghearmailt agus a Ruisia. Cha robh e cho furasd, ge-ta, sgadan a reic ris na Duidsich — nach robh iadsan air a' chiad fheadhainn a rinn feum dhen an sgadan? Nach iad a dh'ionnsaich sinn fhìn ann an obair a' chiùraidh?

Cha robh cogadh neo trod eadar rìoghachdan na Roinn-Eòrpa nach robh a' dèanamh dhuilgheadasan is atharrachadh air choreigin air margaidhean an sgadain. Seo litir a chuir ciùrairean Steòrnabhaigh gu Viscount Palmerston anns an Og-mhìos an 1848:

> That since the treaty with France, allowing foreigners to fish within three miles of our coasts, the fisheries of Scotland, its fishermen, and trade, have suffered great loss and interruption, by the fishing grounds being taken up by foreign vessels, to the exclusion and prevention of native fishermen.

Nise, chaidh an aon seòrsa litreach gu Palmerston bho chiùrairean Thìr-Mòir air fad, agus tha seo ri dearbhadh gu robh muinntir Steòrnabhaigh gham faicinn fhèin air leth bhon a' chòrr dhen an rìoghachd.

Gabh corra latha ann an aon seusan ann an Leòdhas airson beachd air an iasgach a bh'ann an uair sin:

1848

May 22	140 boats landing at Stornoway, Cromore, Holm and Bayble
	Highest catch 37 crans, average 5 crans
	80 crans to Dublin by boat at 14s a cran
May 24	One curer alone had 400 crans from 19 boats
	370 barrels in three smacks to Baltic ports and Leith
	100 barrels to Glasgow per steamer
June 5	Good fishing, average 9 crans, highest 40
	Poor prices at Liverpool
	Poor prices reported from Stettin and Hamburg
	Stranger boats preparing to leave for Wick
	Their average total catch for SY season is 60 cran
	Loch Fyne boats also leaving, having made their quotas of 100, 150 or 200 crans
	Smacks ex-Stornoway for St Petersburg, Baltic and Leith:
	Marjory; Orwell; Rose (windbound); *Good Intent; Mary Ann*
	Smacks arriving with stock for herring trade: *Louisa; Atlanta*
	Contract price at Wick between curers and fishermen of 18s per barrel. Some Lewis boats contracted in SY to go to Wick at 10s 6d per barrel
June 29	Stornoway season over and coopers and fishermen move to Wick
	Prices up as treaty now signed between Denmark and Prussia

Mar shamhla air cho milis agus cho bog 's a bha sgadan a' Chuain Sgìth, bha seachd taghaidhean air; mar bu trice, cha robh aca air a' Chost an Ear ach còig. Seo taghadh Steòrnabhaigh: MATJE (an sgadan bu mhotha, a' dol a dh'Aimeireagaidh air a sgoltadh); LARGE FULL; FULL; MATTIE FULL; MATTIE; SPENT; TORNBELLY.

Bha uallach mòr air a' chlann-nighean a bha cutadh an sgadain a thaghadh agus a shadadh air an cùlaibh dhan tuba cheart — seo gha dhèanamh ann am priobadh na sùl agus ri leantainn fad latha. Gun teagamh, 's e a' chlann-nighean agus na cùbairean a bha dèanamh an t-saillidh; 's iadsan a bha dearbhadh dè an seòrsa prìs a gheibhte air an sgadan bho mharsantan na Roinn-Eòrpa. Is math a bha fios aig na ciùrairean cho feumail 's a bha a' chlann-nighean dhaibh, agus bhiodh iad às dèidh na h-aon fheadhainn a h-uile bliadhna.

Bhiodh na cutairean ri cutadh aig peileir am beatha, a rèir dè bha an cùbair ag iarraidh. Ach 's e na pacairean a-rithist a bha dèanamh cinnteach gu robh an t-iasg ri faighinn an t-saillidh agus a' phacaidh a bha an cùbair ag iarraidh, gus am biodh an sgadan air a chiùradh mar bu chòir dha.

Nam faigheadh ciùrair cùbair dham b'aithne a ghnothaich agus sgiobaidhean matha de chlann-nighean, bha e dèanta. Mura faigheadh e sin, bhiodh e cho math dha an t-airgead a thug e air iasad bhon a' bhanca a shadadh a-mach air a' mhuir.

A riamh bho sguir obair na ceilp aig toiseach na 9mh linn deug, bha muinntir nan Eileanan an sàs anns an iasgach. Bhiodh aon duine co-dhiù às gach teaghlach (na fir ag iasgach, na mnathan a' cutadh) aig an obair seo gach bliadhna, aig an taigh agus a-rithist thall ann an Inbhir Uig. Eadar toradh na croit agus na dhèanadh iad aig iasgach an sgadain as t-samhradh agus à lìn mhòra sa gheamhradh, bha iad a' tighinn beò an ìre mhath.

Thainig crìoch air a seo sa bhliadhna 1846, nuair a dh'fhàillig am buntàta airson na ciad uair. Bha an uair sin 19,000 duine ri fuireachd ann an Leòdhas a-mhain, 14,000 beò air croitean. A-mach às an àireamh sin, bha 11,000 ri feumachadh cuideachaidh, le min is eile, airson an cumail beò, eadar na bliadhnachan 1846 is 1850.

Thàinig a' bhochdainn air na h-Eileanan agus cha robh fhios dè dhèanta. Cha robh freagairt aig Riaghaltas nan uachdaran ach a h-aon: gu feumadh àireamh dhen t-sluagh a dhol thar a' chuain — an t-àite san do rugadh 's a thogadh iad fhàgail. Agus chaidh seo a chur air chois le làmhachas-làidir ann an cuid de dh'àitichean, gu sònraichte ann an dà Uibhist agus am Barraigh.

Ach mas e Nàdur a chaidh an aghaidh an t-sluaigh an toiseach le fàilligeadh a' bhuntàta, 's e Nàdur a-rithist a thàinig gus daoine a shaoradh anns na bliadhnaichean a bha rompa — leis an sgadan.

An sgadan a tha nas mìorbhailiche na am bradan fhèin, dhaibhsan a bha riamh gha shireadh. Nach eil am Bìoball a' dearbhadh gur e iasg slàn a th'ann; nach eil seachd sgiathan air; nach fhaic thu samhla mogail nan lìon air corp an sgadain; nach eil dealbh crann bàta agus e ìslichte airson iasgaich air a cheann?

Agus leudaich iasgach an sgadain gu mòr agus gu mìorbhaileach anns na bliadhnaichean eadar 1851 agus 1883. Ma bha Nàdur air a dòigh, bha cothrom aig iasgair is cutair is pacair airgead math a dhèanamh fad nam bliadhnaichean sin.

Anns a' bhliadhna 1862 bha 900 bàta ri 'g iasgach an sgadain a-mach à Steòrnabhagh: bàtaichean-siùil gun deic, nach robh anabarrach mòr — sgothan. Bha an seusan ri fosgladh air an 20mh latha dhen Chèitean, ach bha cuid dhe na h-iasgairean ri dol a-mach cho tràth ri toiseach na mìos. Cha robh seo ri còrdadh ris na ciùrairean, or bha iadsan dhen a' bheachd nach robh an sgadan math gu leòr airson a shailleadh fhathast. Air an làimh eile, 's e na ciùrairean fhèin a dh'adhbhraich seo — bha uimhir a chòmh-stri eatarra agus gun ceannaicheadh iad an sgadan bochd seo gus a chumail bho chèile.

Cha robh na daoine bochda ann an Glaschu gha dhiùltadh, truagh 's mar a bha an sgadan tràth seo, ged nach gabhadh na marsantan Gearmailteach e gus am fàsadh e math san Og-mhìos.

Bha sgadan Steòrnabhaigh cho blasda 's nach leigeadh ciùrairean Steòrnabhaigh a leas Brand a chur air na baraillean. Bha iad ag ràdh nam fuiricheadh iad ris a' Bhrand gu milleadh seo blas fìnealta, grinn sgadan a' Chuain Sgìth.

'S e àireamh nan iasgairean ann an Steòrnabhagh sa bhliadhna sin 4,500, agus bha mu mhìle aca às na h-Eileanan. Tha seo ri dearbhadh gu robh timcheall air dà cheud bàt'-iasgaich Eileanach ri obair an sgadain air an t-samhradh sin. Agus bha feadhainn de bhàtaichean nan Eileanan nach robh dol ris an sgadan idir, ach ri leantainn iasgach nan trosg fad na bliadhna, bhon t-Samhain chun an Iuchair. 'S ann a-mach bhon a' Bhut agus shìos bho Cheann Bharraigh a b'fheàrr a gheibhte na truisg.

Bha duilgheadasan aig iasgairean nan trosg aig an àm seo: bho thàinig an Close Time a-steach sa bhliadhna 1860, chan fhaodadh iad sgadan a ghlacadh airson biathadh nan lìon mòr eadar am Faoilleach agus am Màrt.

Cha b'ann an Steòrnabhagh a-mhàin a bhathas ri sailleadh. Bheireadh bàta-siùil ro fhada air an t-slighe nam biodh aice ri seòl a dhèanamh gu Steòrnabhagh a h-uile madainn, gu h-àraid aig toiseach an t-seusain nuair a bha an sgadan shuas eadar an Carbh 's am But — agus a-rithist nuair a bha e gluasad sìos eadar Na Hearadh agus Barraigh, aig ceann eile seusan an t-samhraidh, ann am meadhan an Iuchair.

Mar sin, bha stèiseanan ciùraidh stèidhichte ann an grunn àiteachan air fad nan Eileanan: Steòrnabhagh; Griais; Port nan Giùran; Paibil; Tolm; Crò Mòr; an Tairbeart; Loch nam Madadh. Bha clann-nighean nan àiteachan sin trang a' cutadh fad an t-samhraidh. Agus bha boireannaich ri tighinn gu Steòrnabhagh bho Tìr-Mòr, còmhla ri cùbairean is eile, airson cutadh is ciopaireachd, còmhla ri na h-inbhich.

Ann an 1864 dh'fhosgail stèiseanan ciùraidh ann an Loch Baghasdail agus am Bàgh a' Chaisteil; chaidh àireamh bhliadhnail nam baraillean suas bho 57,000 gu 90,000 anns na còig bliadhna gu 1873, agus bha iasgach a' Chost an Iar aig an ìre àird a lean ris gus an tàinig an Cogadh Mòr ann an 1914.

Mhaireadh iasgach an sgadain anns na h-Eileanan timcheall air dà mhìos; suas gu 1883, gheibheadh iasgair air bàta Bucach a-mach à Steòrnabhagh fhèin mu £8. Bha pàigheadh nan iasgairean air a ghealltainn. Bha mòran de chlann-nighean nan Eileanan ri cutadh aig na stèiseanan ciùraidh fad nan Eileanan, agus choisinneadh iadsan mu £4 airson an dà mhìos.

Leanadh na h-iasgairean agus a' chlann-nighean an sgadan chun a' Chost an Ear, agus choisinneadh iad an sin an tuilleadh — suas ri £30 dha iasgair air bàta a rinn math agus mu £12 air an àbhaist. Dhèanadh a' chlann-nighean timcheall air £5 eile. 'S e cosnadh math a bha sin anns na làithean a bh'ann, agus bha iadsan a bha dol chun an sgadain (duine às a h-uile teaghlach nan gabhadh) glè mhath dheth. Bhiodh an fheadhainn a dheidheadh chun an iasgaich air Tìr-Mòr lem bàtaichean fhèin aig amannan ri tilleadh leis na ceudan.

Ach cha do mhair seo. Thòisicheadh ri reic an sgadain aig *auction* sa bhliadhna 1884, agus cha robh pàigheadh criuthaichean nam bàtaichean air a ghealltainn ann; bha e a-nise a rèir dè a' phrìs a dhèanadh an sgadan gach latha. Mura robh deagh phrìs air an sgadan sa mhargadh, dheidheadh a dhumpadh agus chan fhaigheadh na h-iasgairean sgillinn ruadh airson an saothrach. Agus cha bhiodh sgadan ann a chutadh a' chlann-nighean agus cha dèanadh iadsan cosnadh dheth na bu mhotha.

Aig an aon àm thuit prìsean bheathaichean gu mòr. Ràinig a' phrìs a gheibheadh croitear air damh £6 anns a' bhliadhna 1883. Bliadhna às dèidh sin cha ghabhadh damh reic air £2.

As dèidh deich bliadhna fichead de phailteas, thainig a' bhochdainn air muinntir nan Eileanan aon uair eile.

Ged nach do mhair am pàigheadh geallta a bha luchd an sgadain ri faotainn eadar 1851 agus 1883, chum na h-iasgairean agus a' chlann-nighean aig obair an sgadain mar a b'àbhaist; dh'fheumadh iad sin.

Thàinig air muinntir nan Eileanan aon uair eile an leasan maoineadach bhon taobh a-muigh ionnsachadh — gu robh am beatha agus am beòshlainte an crochadh ri poileataics is margaidhean na Roinn-Eòrpa, agus nach robh beòshlainte air a ghealltainn dhaibh ged a bhiodh an cuan air ghoil le sgadan.

Bha seachd stèiseanan mòra ciùraidh ann: Obar-Dheadhain; Ceann Phàdraig; a' Bhruaich; Inbhir Uig; Learuig; Steòrnabhagh; is Barraigh.

A thaobh Steòrnabhaigh, a rèir aithris bho Dhùghall Greum, Rùnaire Bòrd Iasgaich Alba, bha 1,212 boireannach aig obair an sgadain ann an seusan 1887. A-mach às an àireamh seo, bha 400 coigreach — boireannaich a thàinig bho Tìr-Mòr còmhla ri ciùrairean Gallda. Gu neònach, is ann bho cheann a Deas Alba agus ceann a Tuath Shasainn a bha a' chuid mhòr dhe na boireannaich seo, bho na puirt iasgaich sin eadar Alba is Sasainn far an robh obair an iasgaich air a toirt air adhart gu ìre air thoiseach air àiteachan eile san rìoghachd.

Bha seo ri fàgail gu robh còrr air 800 de chlann-nighean Leòdhasach is Hearach aig an sgadan sa bhliadhna sin ann an Steòrnabhagh a-mhàin.

Aig an aon àm, bha iasgach Bharraigh ri dol gu math. Eadar Bàgh a' Chaisteil, Bhatarsaigh agus Loch Baghasdail, bha 1,466 boireannach aig a' chutadh — 1,023 aig Bàgh a' Chaisteil, 353 aig Bhatarsaigh agus 90 aig Loch Baghasdail. Is ann às na h-Eileanan a Deas a bha iad uile.

Bha a' chlann-nighean aig iasgach Bharraigh a' còmhnaidh aig an taighean fhèin, ach a-mhàin an fheadhainn a bha ag obair air Bhatarsaigh; bha iadsan a' fuireachd ann a hutaichean fiodha, air an togail le na ciùrairean air an eilean. Bha na hutaichean sin fichead troigh ri aon troigh deug, agus bha dusan nighean anns gach hut. Ach bhathas a' cunntadh nach robh cron sam bith ann an seo — air sgàth gu robh "a continual supply of fresh air" tro na hutaichean, anns an robh a' chlann-nighean beò fad na h-ùine nach robh iad a-muigh a' cutadh.

Ged a bha clann-nighean an sgadain eòlach gu leòr air hutaichean ann an Sealtainn, is ann a' luidseadh a bhiodh iad ann an Steòrnabhagh — eadar ceathrar is ochdnar anns gach rùm, agus iad a' pàigheadh timcheall air dà thasdan san t-seachdain gach tè. Bhathas ag ràdh nach robh gearain ann an Steòrnabhagh nas motha, "although it is possible that overcrowding may have existed."

Bha na Leòdhasaich sin a bha fuireachd faisg gu leòr air an obair ri dol dhachaigh a h-uile h-oidhche.

Bha an dòigh a bhathas ri pàigheadh na cloinn-nighean air a' Chost an Iar beagan eadar-dhealaichte bhon dòigh a bha iad ri gabhail air Tìr-Mòr. Cha robh na boireannaich ann an Steòrnabhagh ri faighinn ach còig tasdan de dh'àirleas airson gabhail a chutadh anns a' bhliadhna 1887, agus a-mach air a sin bha cosnadh 8d airson gach baraille eadar an triùir.

Ann am Barraigh, bha an t-àirleas na b'àirde aig 25/-. Air latha math, chutadh agus phacadh aon chriutha eadar fichead is deich thar fhichead baraille, agus choisinneadh iad eadar 5/- is 6/- gach tè. Airson ath-lìonadh nam baraillean gheibheadh iad 3d san uair.

Thathas ri ràdh gu robh iasgair air an Tairbeart, aig Loch Fìne, aon latha sa bhliadhna 1838, ri sealltainn ri dealbh ann an seann Bhìoball — dealbh dhe na Deisciobail ri 'g iasgach ann an Loch Ghalilee. Bha na lìn ac' air an cur ann an cearcall agus iad ghan tarraing gu tìr. Cha robh càil na b'fheàrr na seo fheuchainn, le bhith ceangal lìn drioft sgadain ri chèile agus ghan tarraing gu dùnadh leis an iasg nam meadhan. Dh'obraich seo gu math, agus bhon a sin thàinig an *ring net.*

Thugadh am murtair air an lìon mhì-nàdurrach seo, agus cha robh iasgair ann an Alba nach robh cur sìos air, ach a-mhàin iasgairean an Tairbeirt fhèin. (Canaidh daoine chun an là an-diugh nach eil blas cho math air sgadan an ring 's a tha air sgadan a gheibhear ri drioftadh.) Chum iasgairean an Tairbeirt orra, agus thàinig lagh a-mach an aghaidh an ring ann an 1851. Thòisich iad ri cur nan lìon-ring air falach anns a' mhuir, air put, agus ri giùlain lìn-drioftaidh leotha anns na bàtaichean, ri toirt a chreids gur ann leis an drioft a bha iad a' glacadh an sgadain.

Ma thòisich, thuirt iasgairean Inbhir Aora, a bha gu h-iomlan ris an drioftadh, gun cuireadh iadsan stad air an obair seo, agus theann iad ri toirt ghunnaichean gu muir airson casg a chur air ringearan an Tarbeirt. Bha seo anns a' bhliadhna 1859, an aon bhliadhna ri Sabaisd Mhòr Ìnbhir Uig. Thug an aimhreit seo air an Riaghaltas an lagh a neartachadh, agus thàinig Achd eile a-màch sa bhliadhna 1860, is peanasan na bu làidire na cois. Chaidh rabhadh a thoirt do mhuinntir an ring gun cailleadh iad am bàtaichean nan deidheadh an glacadh, agus bha an Nèibhi ann airson seo a dhearbhadh.

Is ann an cois na h-Achd seo a thàinig Close Time an sgadain, is bacadh ga chur air iasgach an sgadain eadar 1 Faoilleach agus 20 Cèitean air an taobh Siar de dh'Alba. 'S e na ciùrairean mòra a bha ag iarraidh seo. Bhiodh na ciùrairean airson nach deidheadh iasg a chur air tìr ach aig àm a bhiodh freagarrach dhaibhsan an t-iasg sin a làimhseachadh agus a reic a-mach a-rithist. Le bhith dèanamh a' cheartais ris na ciùrairean, ged a bha na h-iasgairean nan làmhan-san, bha na ciùrairean fhèin an urra riuthasan a bha ceannach an èisg bhuapa, agus na bancairean cuideachd.

Mar as tric a thachras, chaidh lagh a chur air chois airson iadsan a bu làidire a dhìon, gun dragh, gun bheachd orrasan a dh'fhaodadh fulang na chois. Agus 's e sin na croitearan agus na h-iasgairean air a' Ghàidhealtachd — iadsan a bha feumach air sgadan a' gheamhraidh airson ithe leis a' bhuntàta agus airson biathadh nan lìon-mòr.

Chaidh gu cruaidh leothasan a bha an urra ris an sgadan geamhraidh. Cha b'fhada gus an do thòisich daoine — agus boireannaich cuideachd — anns na h-Eileanan ri glacadh sgadan geamhraidh, lagh ann neo às. Chaidh corra dhuine a chur dhan a' phrìosan agus chuireadh peanas airgid air feadhainn eile. Bha acras agus dìth bìdh gu leòr ann. Agus amadain de mhuinntir oifigeil nach robh a' tuigse feum nan daoine.

Cha robh ciùrairean Steòrnabhaigh ag iarraidh Close Time a dhèanamh ach eadar toiseach a' Mhàirt agus deireadh a' Chèitein. Bha seo air a h-uile duine a fhreagairt na b'fheàrr, thuirt iad, oir chan e an aon ghnè sgadain idir a ghlacar aig toiseach na bliadhna 's a gheibhear aig toiseach an t-samhraidh. Bhiodh sgadan math aig daoine a dh'itheadh iad, agus gheibhte biathadh dhan an lìon-mhòr.

22

Chaidh Coimisean a chur a-mach le Bord an Iasgaich sa bhliadhna 1864, agus bha na chuala iadsan na mheadhan air an lagh a leigeil bàs. Ach is iomadh facal a chualas air Close Time bhon uair sin, oir bha riamh feadhainn ann a bha ri faicinn gu feumte toradh na mara a chaomhnadh.

Lean iasgach an sgadain anns na h-Eileanan an ìre mhath suas gu àm a' Chogaidh Mhòir. Dh'fhalbh na bàtaichean-siùil, thàinig na drioftairean a bha losgadh guail agus a-rithist thàinig soithichean mòra le einnseanan-ola.

Fad na h-ùine seo, cha do dh'atharraich an obair a bh'aig a' chlann-nighean agus aig na cùbairean ri dhèanamh. Chaidh an sgadan air ais eadar an dà chogadh, ach bha ciùradh gu leòr gha dhèanamh an dèidh sin, agus tha mòran dhiubhsan a bh'aig an sgadan aig an àm sin beò fhathast agus gheibhear gu leòr de dh'eachdraidh an iasgaich bhom bilean fhèin.

Dh'fhalbh clann-nighean gun iasgach oirnn
'S tha'm baile seo fo chianalas;
Mura till iad dhachaigh liathaidh sinn
Neo feuchaidh sinn Great Yarmouth.

'S ann air Di-màirt a dh'fhalbh iad oirnn —
'S ann againn fhìn bha farmad riu,
Is chum iad an stiomair anmoch
Gu dearbh toirt dhuinn *shake hands.*

Mo mhallachd aig a' chiùrair ud —
'S e Tommy White am mùidsear ud —
A dh'fhalbh a-mach 's an dùthaich leo
Gu ciùrairean Great Yarmouth.

Dh'fhalbh iad shuas is shìos oirnn —
A Gabhsann, Borgh is Siadar;
Mura till iad dhachaigh liathaidh sinn
Neo feuchaidh sinn a Yarmouth.

Alasdair Moireach

Ged a chuir an Riaghaltas air chois Workshop Act sa bhliadhna 1867 airson staid obrach agus uaireannan dhaoine a riaghladh, cha do rinn seo atharrachadh sam bith dhaibhsan a bha gach bliadhna aig an sgadan, oir bha obair an sgadain seusanach, eadar-dhealaichte bho obraichean eile.

Chaidh tuigsinn gu feumadh an sgadan a shailleadh cho luath 's a ruigeadh e tìr, ge b'e dè cho fada 's a bhiodh na h-uairean aig cùbairean is clann-nighean. Agus bha an luchd-obrach fhèin ri faicinn seo; bha iad pàighte a rèir dè na dhèanadh iad, is cha robh gearain nam measg ged a bhiodh iad ag obair moch is anmoch. Mar sin, thàinig Achd eile a-mach agus thuirt i sin:

> Be it enacted, nothing in the Factory Acts 1833 to 1871, or in the Workshop Acts 1867 to 1871, shall extend to the process of gutting, salting and packing fish immediately upon its arrival in the fishing boats.

Bliadhnaichean às dèidh sin, ann an 1897, chaidh sgrùdadh a dhèanamh a-rithist air staid obrach na feadhainn a bh'aig an sgadain. Thuirt an t-iomradh sin:

> As to workers, the women engaged in the industry would appear to be strongly opposed to any interference in their hours of work in the initial processes of curing. They assert that it would practically amount to their exclusion from the industry which, as it is, furnishes almost their only means of living.

Tha seo ri dearbhadh gu robh na boireannaich fhathast toilichte gu leòr leis mar a bhathas ri dèiligeadh riutha, agus nach robh an cruadal ri dèanamh dragh dhaibh, fhad 's a gheibheadh iad obair air an dèanadh iad cosnadh. Air neo tha e dearbhadh gu robh eagal orra gearain a dhèanamh, mus cailleadh iad an aon obair a bh'aca.

Tha e soilleir nach robh moran diù aig am maighstirean dhaibh — co-dhiù a thaobh àiteachan-fuirich agus goireasan eile.

Thog Keir Hardie an dearbh cheist sin ann an Taigh na Pàrlamaid sa bhliadhna 1901, ach cho fad' 's a gheibhear a-mach, bha 1905 ann mus deach sgrùdadh ceart a dhèanamh air an dòigh beòshlainte aig clann-nighean an sgadain.

Agus ghabh Oifis Rìoghail Alba dòigh ghlic air a' ghnothaich: chuir iad a-mach dà bhoireannach airson iomradh a dhèanamh air staid nam boireannach aig an sgadan, Màiri Paterson agus Emily Slocock. Is fhiach na thuirt iadsan nuair a thill iad air ais bho na puirt a Tuath a leughadh air fad. Tha a' chuibhreann a leanas a' toirt dhuinn dealbh math air mar a bha cùisean ri tachairt ris a' chlann-nighean Ghàidhealach sin a bha dol chun an sgadain ro àm a' Chiad Chogaidh nuair a bha an obair sin aig a h-àirde.

Chan urrainnear sealltainn ri cùisean-obrach clann-nighean an sgadain, ann an Sealtainn, gun sealltainn aig an aon àm rin àiteachan-còmhnaidh. Chithear bhon an sgrìobhadh a tha an cois a' chuimhneachain seo cho tearc agus a tha aon aca à Sealtainn fhèin; agus am beagan dhiubh sin a tha aig Caolas Bhalta, a' chuid as motha ag obair aig aon chiùrair, tha iad a' còmhnaidh aig an àite-saillidh ann am bothain a bhuineas dhan fhear leis a bheil an t-àite. 'S e dà sheòrsa bothain a th'ann sa chumantas, ged a fhuair sinn, aig amannan, luchd-obrach ann an rumannan shuas an staidhre, neo ann an seann taighean-stòir. Nuair a tha neach a' faotainn an taighe airson ùine ghoirid, chan eil ann ach slige le àite-teine neo stòbha agus frèamaichean fiodha a-mhàin, is 's fheudar seo a dhèanamh cho dachaigheil agus as comasach dhaibh. 'S e adhbhar iongantais a th'ann an t-atharrachadh a tha a' chuid as motha a' dèanamh fhaicinn. Mar as nàdurrach, tha eadar-dhealachadh mòr eatarra, agus bha cuid dhiubh ann an staid glè shalach agus beag diù; ach bha na Gàidheil, ach beag dhiubh, a' dèanamh mhìorbhailean leis na stuthan a bh'aca. 'S e nì mì-chneasda a th'ann nuair a smaoinicheas tu air seisear bhoireannach air an cuingealachadh ris an aon rùm bheag airson cadal, ithe agus cur orra agus cur dhiubh an aodaich, agus tha neach duilich nach eil rùm eile aca anns a' bhothan airson cèilidh, mar as toigh leotha a dhèanamh air feasgar Di-sathairne, an dara cuid airson seinn shalm neo airson dannsa suigeartach. Tha sinn gu mòr sa bheachd gum bu chòir rùm eile a thuilleadh air an rùm cadail a bhith aca ann an ionad fada bhon dachaigh agus bho threòrachadh dachaigh far a bheil uimhir de dh'fhir agus de mhnathan cruinnichte còmhla agus na h-adhbharan meallaidh a tha an cois a leithid sin. Chan aithne dhuinn gu bheil riaghailt sam bith aig Comhairle na Dùthcha mu thimcheall rùm-àile do gach neach anns na bothain, agus 's e adhbhar aithreachais a th'ann an seo, oir fiù 's a' gabhail àireamh seisear ann am bothan, gheibhear naoinear agus dusan ann an cuid aig amannan, agus tha a' chlann-nighean fhèin a' gearain air sin.

Anns na bothain a thogadh mu dheireadh tha seisear a' còmhnaidh, agus tha rùm-àile, air fad, àird agus leud dusan gu còig troighean deug mu choinneamh gach tè: le naoinear a' còmhnaidh an leithid seo, tha fada cus ann. Tha mòran de na seann bhothain nas lugha na sin agus chan eil osag gaoithe a' dol trompa. 'S e a b'fheàrr, nar beachd-ne, feadhainn fhiodha le mullach a' claonadh sìos agus uinneagan a dh'fhosgaileadh a-mach anns an leth a b'àirde, le àite-teine fosgailte agus leapannan nach robh os cionn a chèile. Shaoil sinne gu robh iad air an taobh bheag do sheisear, ged a tha fios gu bheil rùm gann, ach tha iad nas cofhurtaile na an fheadhainn eile. Tha sinn an dòchas nach fhada gus an tèid an seòrsa eile à bith — 's e sin am bothan le mullach còmhnard, ìosal a tha a' leigeil a-steach an uisge, le uinneag nach fhosgail, le stòbha iarainn is similear a' dol suas tro mhullach a' bhothain agus leis na leapannan os cionn a chèile agus còmhla ann an òisean an rùm. Tha eagal oirnn gu bheil fada cus gu bhith anns a h-uile bothan ann an Learuig mus bi iasgach deireadh an t-samhraidh crìochnaichte, oir tha na bothain glè làn mar a tha, agus tha dùil ri tuilleadh luchd-obrach anns gach ionad-saillidh. 'S ann an Learuig a chunnaic sinn na h-àiteachan-còmhnaidh bu mhiosa, ann an aon àite-saillidh far an robh seann eaglais air a dèanamh gu h-innleachdach na rùm cadail le cailbhe, ochd troighean a dh'àirde, eadar an rùm agus an còrr den togalach, a bha ann an staid uabhasach le làr breòite agus an t-àite uile tais, làn salchair agus le soitheach làn nithean le fàileadh lobhte breun. Dh'iarr sinn air an lighiche airson Slàinte Dhùthchail sealltainn ris an àite seo gu sònraichte.

Tha uimhir de dh'eadar-dhealachadh air taobh a-staigh nam bothan agus a tha eadar a' chlann-nighean a tha a' còmhnaidh annta, agus ged nach toigh le neach bruidhinn air muinntir ceàrnaidh, tha na ban-Ghàidheil a' cumail am bothan glan, neo tha iad am meadhan glanaidh nuair a thig sinn. Chan eil na h-Albannaich eile bhon taobh an Ear buileach cho glan, agus tha sinn den bheachd gur ann a chionn agus gu bheil iad bho na h-àiteachean as bochda anns na bailtean agus nach eil e nàdurrach dhaibh a bhith cho glan, agus cuideachd tha iad cleachdte ri uisge a bhith ri làimh airson nighe agus tha dìth seo na dhuilgheadas mòr nan sùilean. Bha muinntir Shealtainn cuideachd na bu lugha diù, ach 's dòcha gu bheil seo a chionn agus gu bheil iad a' dol dhachaigh bho Dhi-sathairne gu Di-luain, agus mar sin chan eil uimhir de dhiù aca de na bothain, agus cuideachd tha iad a' faireachdainn na h-obrach nas truime na tha na Gàidheil, a tha nas calma. Bu chòir tuigsinn nach eil ann ach an aon rùm airson còmhnaidh. Chan eil rùm eile ann anns an suidh iad, anns an nigh iad iad fhèin, neo anns an dèan iad nì sam bith eile a tha feumail, agus chan eil uisge-ruith aca. Tha dìth uisge buileach doirbh agus a' dèanamh na h-obrach iomadach uair nas dorra. Anns an àite as miosa, is e sin Caolas Bhalta, is còig ionadan-saillidh agus naoi ceud neach ann ri linn an iasgaich (aon dhuine an còrr den bhliadhna), chan eil uisge idir air an eilean. Tha na ciùrairean a' toirt an uisge leotha à Obar-Dheadhain (neo baile eile an Alba) ann am baraillean, suas ri dà cheud, neo ceithir cheud aig aon àm. Ma tha neach ag iarraidh uisge glan ri òl, reicidh an t-uachdaran seo air tasdan am baraill. Cho fad' agus as aithne dhuinn, cha do rinn an t-uachdaran a riamh oidhirp air cladhach airson tobar a lorg. Tha an lighiche anns an àite den bheachd gum biodh uisge sam bith a gheibheadh iad saillt. Co-dhiù, saoilidh sinne gum bu chòir feuchainn a bheil uisge ann, a chionn, ma thig tuilleadh chiùrairean gu Caolas Bhalta, gum bi am feum nas motha.

Tha am màl bho na h-ionadan-saillidh fada nas motha na bha am màl bho ionaltradh, agus saoilidh sinne gum bu chòir seo uallach a chur air an uachdaran airson staid an àite. Chan eil àite seach àite goireasach, ged a tha grunnan phumpaichean aig an fhìor Chaolas. Chunnaic

sinn sreath de dh'fhichead boireannach nan seasamh gu foighidneach aig aon dhiubh sin, fhad 's a bha an t-uisge a' ruith cho mall agus gu robh e a' toirt ùine mhòr coire a lìonadh. Seo, cuideachd, far a bheil na fir bho na bàtaichean-iasgaich agus na drioftairean a' faotainn uisge, agus chan eil rian gu bheil am pailteas ann air an son uile. Tha mòran de na ciùrairean cuideachd a' toirt an uisge fhèin nan cois, ach a-mhàin airson deoch. Tha Learuig, agus Eilean Bhreasaigh ri thaobh, agus Griomstaigh an taobh a-muigh dheth, anns an staid cheudna, agus ann an Griomstaigh gu h-àraidh bhathar a' gearain air droch uisge. Tha seo uile a' dèanamh suidheachadh thaighean-beaga agus an glanadh glè dhuilich, agus tha sinn mòr sa bheachd nach iad na h-ionadan-saillidh a-mhàin ach na h-àiteachan-còmhnaidh cuideachd air am bu chòir a bhith a' smaoineachadh. Tha mòran buannachd anns na taighean-beaga a bhith làimh ris na bothain, agus tha sinn a' creidsinn gur h-e seo bu chòir a dhèanamh, ged a dh'fheumas obair glanadh nan taighean-beaga a bhith air mhodh tric agus òrdail. Bhruidhinn sinn mun seo ris an Dr Yule, an lighiche a tha os cionn gnothaichean Slàinte Dhùthchail, agus tha esan ag aontachadh gu bheil cùisean ann an staid thruagh. Tha e ag ràdh gu robh am fiabhras *typhoid* gu minig ann an taighean faisg air far a bheil na h-ionadan-saillidh, is tha an smaoin gun tig am fiabhras am measg clann-nighean an sgadain a' cur eagal a bheatha air. Tha e ag ràdh nach dèan Comhairle na Dùthcha dad, ged a tha fios aca air luach na h-obrach seo do na h-eileanan air fad. Tha an Dr MacGhillFhinnein, a tha na Lighiche na Dùthcha ann an Learuig, agus an Dr Saxby ann an Caolas Bhalta, ag aontachadh ach ag ràdh nach dèan na comhairlean dad. Tha dìth uisge, dìth thaighean-beaga neo ghoireasan eile, agus rudan a dh'fhaodadh sruthadh bhon sin, cho cudthromach airson slàinte an luchd-obrach agus gu bheil sinn dòchasach gun gabh rudeigin a dhèanamh a cheartaicheas an droch-bheart seo. Tha sinn cuideachd a' toirt rabhaidh gum bu chòir tòiseachadh air oidhirp dhiongmhalta mus tòisich an ath sheusan iasgaich gus cùisean a chur ceart agus obair a chur air bonn; bu chòir bruidhinn ris na ciùrairean, ris na h-uachdarain agus ri feadhainn eile.

Tha sinn den bheachd gun fhiach clann-nighean an sgadain nas fheàrr na thathar a' toirt dhaibh. Ann an calmachd tha na ban-Ghàidheil air thoiseach air na boireannaich eile mar a tha poilis Lunnainn air am meas am measg phoileas eile, agus tha na boireannaich Albannach eile fìnealta den seòrsa. Gidheadh, tha teagamh againn a bheil clann-nighean Shealtainn, mar threubh, làidir gu leòr airson dian-spàirn na h-obrach, a chionn agus nach eil an caitheamh-beatha cho cruaidh an còrr den bhliadhna. Tha meas mòr againn orra uile airson am beus, an nàrachd, an giùlain. Gu nàdurrach, far am bì mòran air an cruinneachadh còmhla, bidh feadhainn nas beusaiche na feadhainn eile, agus bha cuid dhiubh sin am measg boireannaich an taoibh an Ear, gu h-àraidh à Obar-Dheadhain agus Ceann Phàdraig, ach tha sinn a'

smaoineachadh gur h-e àireamh bheag de na mnathan mì-chneasda sin a bh'ann, agus bha iadsan a' sireadh cuideachd a chèile. Tha clann-nighean gach ceàrnaidh a' cumail còmhla ri chèile. Bidh na Sealtainnich glè chàirdeil ris na Gàidheil aig an obair, agus 's dòcha gu sgrìobh iad gu càch-a-chèile tron gheamhradh, ach dheidheadh iad dhachaigh, ged a bhiodh sin doirbh orra, mus stadadh iad anns an aon bhothan riutha. Leis a' ghèilleadh a tha nàdurrach dhaibh, cuiridh iad suas le cùisean gun mhòran gearain, ach tha làn-fhios aca dè a tha ceàrr agus tha iad taingeil an uair a thèid na nithean sin a leasachadh.

Feumar tadhal anns na h-àiteachan-obrach seo mus tuig neach cho cudthromach agus a tha obair an sgadain don rìoghachd. Faodaidh e bhith gum bi call am bliadhna far an robh buannachd mhòr an-uiridh, ach tha sinn toilichte a ràdh gur e obair a th'ann aig am faod neach cosnadh math fhaighinn, agus obair cuideachd nach fhairich bhuaipe na chosgadh gnothaichean a chur ceart, far a bheil feum mhòr sin a dhèanamh.

Fad bhliadhnaichean air ais, 's e Caolas Bhalta an t-àite a b'fheàrr, tràth air a' bhliadhna, airson iasgach an sgadain, agus cha mhòr nach e adhbhar aithreachais a tha seo, a chionn agus nach eil dad na fhàbhar ach cala anabarrach math agus màl ìosal airson nan àiteachan-saillidh. Ann an Eilean Unst chan eil luchd-obrach idir ann airson cutadh, pacaigeadh agus cùbaireachd. Feumar iad sin uile a thoirt chun an eilein. Co-dhiù, tha e follaiseach, ged a tha cùisean cho neo-chinnteach, gu bheil dùil ri tairbheachd cho mòr, ma thig an sgadan agus ma bhios an luchd-obrach deiseil mu choinneimh, agus gum pàigh an ciùrair àirleas do dh'àireamh mhòr bhoireannach gus am bi iad ullamh gluasad gu far am bi feum orra. 'S dòcha, uaireannan, nach bi mòran obrach ann dhaibh, ach tha e airson a bhith cinnteach gum bi pailteas chloinn-nighean làidir sgileil ann air an cuir e fios cabhagach ma thig toradh mòr sgadain. Am bliadhna bha barrachd bhoireannach ann na bha an obair a' feumachadh.

Gun teagamh, cha dèan neach nach eil làidir feum an seo. Nuair a thig an sgadan feumar dèiligeadh ris anns a' bhad. Thathar gan toirt gun dàil bho na bàtaichean gu na fàrlainnean, neo amaran mòra, far a bheil na boireannaich a' feitheamh, agus gun dàil sam bith tha iad air am pacaigeadh ann an salainn anns na baraillean a rèir am meud. Chan fhaca sinne a riamh a leithid de shìor-obair — gun tarraing analach, dh'fhaodadh tu a ràdh — 's iad a' cutadh agus a' pacaigeadh. 'S e obair nan cùbairean na baraillean falamh a thoirt thuca agus an fheadhainn làn a thoirt air falbh, agus bha iadsan làn molaidh air an neart, foghainteachd, luaths agus teòmachd nach robh a' mailleachadh tro na h-uairean fada. Tha mòran còmh-stri eadar na mnathan fhèin. Tha triùir ann an criutha — dithis a' cutadh agus aon a' pacaigeadh — agus gach criutha math, sgiobalta. Tha fios aig gach tè dè bu chòir dhi a bhith a' dèanamh.

Fhad 's a thathar a' lìonadh nan amar tha an fheadhainn a tha ri cutadh a' cur orra nam bòtann mòra, agus sgiortaichean agus còtaichean airson an dìon bhon uisge — 's e sin an aodach-obrach. Tha iad an uair sin a' càradh luideagan timcheall air na meuran as fheudar dhaibh a dhìon bho na sgeinean, agus tha iad a' seasamh nan àiteachan. Tha na pacairean cuideachd a' dèanamh deiseil, ach chan eil duine a' gluasad gus an tèid an sanas a thoirt dhaibh, agus an sin tòisichidh iad uile còmhla agus thèid pailteas sgadain a chumail mu choinneimh gach criutha. Nuair a bhios an sgadan anns an amar a' dol an lughad, thèid duine na bhroinn agus le sguab fhada cumaidh e obair ris na cutairean gus an crìochnaich a h-uile tè còmhla.

Ged a lìonas aon chriutha barrachd bharaillean air criutha eile, tha gach fear aca a' faighinn an aon chothruim. Nuair a chrìochnaicheas an fheadhainn a bha a' cutadh, cuidichidh iad na pacairean ma bhios feum, ach chan eil an obair seachad gus am bi na tubaichean air an nighe le sàl agus air an cur an ceann tha shìos shuas; agus tha na sgiortaichean-obrach rin nighe ann an sàl cuideachd. Ged as e cutadh agus pacaigeadh an èisg ùir a bheir a' chuid mhòr den tìde, chan eil uairean laghail suidhichte airson seo. Tha obair eile ann a tha pàighte air an uair a thìde, gu h-àraid Di-luain, ach glè thric dhà neo trì uairean a thìde a h-uile latha. Is e seo lìonadh nam baraillean, mar as trice seachdain as dèidh a' chiad lìonaidh, nuair a tha an t-iasg air sìoladh gus nach eil na baraillean ach ceithir chòigeamhan làn. Mar as trice 's e dhà neo thrì a tha aig an obair seo aig àm sam bith agus tha na h-uairean laghail a rèir Achd nam Factaraidhean air an cumail, beag neo mòr, mar a tha obraichean eile nach eil a' dol air adhart daonnan, a leithid taomadh an t-salainn às na bàtaichean.

Tha na ciùrairean anns na h-Eileanan a Tuath an urra, gu ìre mhòir, ris an sgadan aca fhaighinn bho na bàtaichean-iasgaich ris a bheil cùmhnant aca gun ceannaich iad àireamh àraidh de sgadan airson àireamh sheachdainean air prìs air an còrd iad, agus ma tha tuilleadh sgadain ann gu faigh iad sin air prìs nas lugha. Tha na drioftairean a' reic an sgadain air a' phrìs a gheibh iad, ach chan eil mòran ann dhiubhsan an taca ris na bàtaichean-iasgaich.

'S ann anns a' mhargadh a thathar a' reic na cuid mhòir den iasg ann an Learuig agus anns na puirt eile. Cho fada agus a rinn mi a-mach bho mo thuras seachdain ann an Caolas Bhalta, tha mi den bheachd nach robh duine a' caitheamh còrr agus trì fichead uair a thìde ag obair, ach 's ann eadar sia uairean feasgar agus sia anns a' mhadainn a rinneadh a' chuid bu mhotha den obair.

'S e a choisinn seo, gu ìre co-dhiù, gu robh an aimsir ciùin, ceòthach, agus is dòcha nach robh cùisean mar seo daonnan. Chan eil solas ann an Caolas Bhalta ach solas an latha, ach a

Is Fhiach a Chlann-nighean

chionn agus nach eil mòran oidhche ann — tha e cho fada tuath ri Bergen — chan eil dìth solais a' cur maille sam bith air obair, oir tha seusan an sgadain aig àm nan lathaichean fada. Mu mheadhan-oidhche — is e seo dùthaich grian a' mheadhain-oidhche — tha staid ann ris nach abair duine dorchadas ach seòrsa de chiaradh an latha; ach tha e seachad ann an ùine ghoirid, agus chan eil an sgadan anns na h-amaran a' cur feum air salainn gus an tòisich an obair a-rithist. 'S fheudar seo a dhèanamh uaireannan air oidhche Di-sathairne, oir chan eil an luchd-obrach idir airson an t-Sàbaid a bhriseadh, ged a dh'obraicheas iad gu meadhan-oidhche Di-sathairne agus ged a thòisicheas iad, ma bhios feum air, aig meadhan-oidhche air an t-Sàbaid; ach tha iad gu mòr an aghaidh nam maighstirean a dh'iarras, uair seach uair, air feadhainn obair air an t-Sàbaid. Ged a bha barrachd sgadain ann an Caolas Bhalta am bliadhna (suas chun a' chiad latha den Iuchar) na bha ann an 1904, cha robh obair daonnan idir ann. Nam bitheadh an aon cho-roinn de sgadan aig a h-uile ciùrair, dhèanadh na criuthaichean a' chùis air an sgadan ùr ann an seachdainean cheithir latha, ag obair deich uairean san latha. Bu chòir a ràdh gur h-ann bho na bàtaichean-iasgaich a thàinig a' chuid mhòr den iasg ri linn nan seachdainean sin, agus sin aig a' phrìs chòrdte. Mar a chaidh an seusan air adhart 's ann bu lugha an t-iasg, ged a bha cuid de chiùrairean aig an robh barrachd air càch. Ann an aon de na h-ionadan-saillidh bu mhotha cha robh obair idir ann. Thuirt aon den chlann-nighean, ''Tha sinn nar suidhe an seo a' fighe bho chionn trì seachdainean.''

'S e an staid shalach anns a bheil an obair a' dol air adhart an rud as miosa de na h-uile, agus chan eil e comasach do neach sam bith a bhith riaraichte le nithean mar a tha iad aig gach àite-saillidh. Tha ochd thar an dà fhichead dhiubh sin ann an Caolas Bhalta, is e sin aon deug thar fhichead air an taobh Tuath den Chaolas, dusan air an taobh Deas, agus air an eilean am beul a' Chaolais, tha còig an cois na tràghad aig a leithid de dh'ìre agus gu bheil an tràigh làn suas gu àird a' bhalla ach chan eil e a' tighinn seachad air. Tha laimrig a-mach bho gach àite-saillidh far an ceangail na bàtaichean-iasgaich airson an luchd a chur air tìr air càrn-chuibhleachan a tha a' ruith suas chun nam fàrlainnean. Chan eil balla sam bith eadar na h-ionadan, ach a-mhàin sreath bharaillean an siud 's an seo, is dh'fhaodadh neach tadhal anns gach ionad air aon thaobh gun a dhol air an rathad idir. Air cùl an ionaid tha an stòr bheag, ma tha a leithid ann, agus bothain na cloinn-nighean agus nan cùbairean, agus gu tric àite-còmhnaidh a' chiùrair. Nuair a tha an aimsir math, tioram anns an t-samhradh, is dòcha gum bi cùisean a-muigh dòigheil gu leòr, ach tha an aimsir an seo a cheart cho tric gaothach, fliuch agus fuar, agus an uair sin tha cùisean glè mhì-chàilear. Tha an talamh fon cois bog fliuch suas gu ruig na bothain agus e gràineil le sgadain agus a h-uile sgudal eile air a bheilear

a' saltairt air ais agus air adhart. Dh'fhaodte seo a sheachnadh nan deidheadh seòrsa de chabhsair chlach a chur sìos gus an ruitheadh an t-uisge eatarra agus gu faodte an glanadh le sàl. Nan deidheadh an ochdamh earrainn den Achd a choilionadh, bhiodh sin feumail. Tha a' chuid as motha de na fàrlainnean, agus na pacairean gu lèir, gun chòmhdach os an cionn, agus tha mi fhìn den bheachd gum b'fheàrr le triùir às a h-uile ceathrar den chlann-nighean a bhith às eugmhais còmhdaich a chionn gu bheil a' ghaoth a' dol trompa agus a' dèanamh chùisean èiginneach agus mì-chofhurtail. Chan ann air sgàth an luchd-obrach a tha còmhdaichean, far a bheil iad, ach airson grian agus uisge a chumail bhon an sgadan. Mar a tha iad chan eil feum air thalamh annta don chlann-nighean, ach ghabhadh seo atharrachadh nan robh am mullach na b'àirde airson a' ghaoth faighinn tron ionad agus nam biodh fasgadh air an taobh bho bheil a' ghaoth mar as trice.

Ged a tha na boireannaich sin làidir, calma, tha iad a' fulang mòran bhon an lòinidh, ach chan eil e comasach do neach a ràdh le cinnt gur h-ann air losd obair an iasgaich a tha seo; a chionn agus gu bheil an dachaighean sgapte air feadh na dùthcha, gu h-àraidh an Leòdhas agus an Sealtainn, tha e duilich adhbhar bhàsan co-cheangailte ri obair seach obair a rannsachadh. Tha mòran bhàsan bho thinneas-caitheimh anns an dà dhùthaich sin.

Roinn eile dom bu chòir aire a thoirt, agus rudeigin a dhèanamh mu dheidhinn, dìth thaighean-beaga do na mnathan anns gach ionad; chan eil na goireasan sin ach meadhanach anns an àite as fheàrr. Fiù 's far a bheil iad chan eil na boireannaich a' dèanamh feum dhiubh, agus chan iongnadh sin ma tha beachd aig neach air boireannaich nàrach. Tha fios gu bheil e anabarrach duilich àite freagarrach fhaighinn ann an Caolas Bhalta, ach bhiodh e doirbh beachdachadh air suidheachadh na bu thruaighe na rinn iad do bhoireannaich Ghàidhealach ann a bhith a' cur suas thogalaichean beaga làimh ri taighean-beaga nam fear, na dhà uairean anns an aon thogalach, air fìor oir na creige os cionn na tràghad, gun soitheach idir ach an tràigh làn a' toirt air falbh an t-salchair. Tha seo a' sàbhaladh obair-glanaidh do na ciùrairean, ach chan eil feum air thalamh don chlann-nighean ann an taighean-beaga a tha fosgailte don t-saoghal taobh na mara, far a bheil iasgairean, cùbairean agus feadhainn eile daonnan air ais agus air adhart.

Tha a h-uile duine ris na bhruidhinn sinn — luchd-obrach, lighiche, Maor *Sanitary* na feadhainn os cionn an àite — ag aontachadh nach eil a' chlann-nighean a' dèanamh feum de na togalaichean agus nach eil dùil gun dèan. Nuair a tha na taighean-beaga gun ghlas tha na h-iasgairean a' dol annta, nuair a tha glas orra chan eil iad ann am feum idir. Le sin, a chionn agus nach eil goireas anns na bothain, chan eil air do na boireannaich ach a dhol "gu cùl a' chnuic", mar a their iad, agus ann an dùthaich cho còmhnard ri seo gu tric tha sin ìre mhòr coiseachd air falbh, ag adhbhrachadh dàil, sgìths agus droch shlàinte. Leis an nàrachd a tha nàdurrach dhaibh, 's ann ainneamh a their na mnathan dad ach nach eil e glè dheiseil, ach nuair a chuireas neach eòlas nas fheàrr orra tuigidh e dè tha iad a' smaoineachadh mu na taighean-beaga sin agus nach deidheadh iad annta ged a bhiodh duilgheadasan fada na bu mhotha nan aghaidh. Feumar, mar sin, beachd-smaoineachadh air goireasan freagarrach do na ban-Ghàidheil. Chan eil Caolas Bhalta dad nas miosa na na h-àiteachan eile air na thadhail sinn.

Thug sinn fa-near don earrainn de dh'Achd nam Factaraidhean, agus an sanas a' buntainn ri cùisean-obrach ann an roinn 41, follaiseach anns an stòr neo ann an ionad eile anns na h-àiteachan-saillidh, agus bha an luchd-obrach a' tuigsinn a brìgh. Gidheadh, ged a tha lìonadh nam baraillean air a bhacadh, is mar sin air adhart, chan eil sin a' toirt mòran faothachaidh don luchd-obrach, oir 's ann anmoch air an fheasgar, neo air a' mhoch-fheasgar Di-sathairne, a thathar a' dèanamh sin. Thuirt aon chiùrair rium, gun chleith sam bith, gu robh a' chlann-nighean aigesan gu tric a' lìonadh bharaillean anmoch air Di-sathairne agus gun dèanadh iad sin fhathast nuair a bhiodh feum air, agus anns a' chùis seo tha sinn cinnteach nach eil an lagh air a chumail gu tur. Tha Sealtainn ro fhada bho mhargaidhean Bhreatainn airson a bhith mòr ann an obair chiopairean, ach tha tomhais bheag air a dèanamh ann an Learuig agus ann an Scalloway, gu h-àraidh ann an tionaichean, agus airson an cur a-mach às an rìoghachd. Tha cùisean glanaidh agus goireasan mar thaighean-beaga an aon chuid leis agus airson nan ciùrairean. Tha na h-uairean obrach gu tric fada nas fhaide, agus mar as trice tha an obair a' tòiseachadh aig sia uairean sa mhadainn airson pacaigeadh an èisg, agus tha seo a' dol air adhart gu uair glè anmoch oidhche às dèidh oidhche. Tha an luchd-obrach seo a' stad airson amannan bìdh rianail, rud nach eil iadsan a tha a' cutadh, ach gu minig cha sguir iad gu deich uairean a dh'oidhche neo nas anmoiche, ged a tha iad uile a' tòiseachadh aig sia uairean sa mhadainn. Tha a leithid de dh'òrdachadh air obair nan ciopairean agus gu feumar na taighean-ceathaich a lìonadh gach latha, ach Di-luain, agus ceannaichidh fear nan ciopairean gu tric nuair nach ceannaich an ciùrair. Feumar beantainn ris an sgadan mar gum biodh e ùr — 's e sin, gu faod e a dhol dheth gus a bheil e anns an taigh-cheathaich, ged a bhios e ann am picil leth-uair a thìde ron seo.

Tha tòrr obair chiopaireachd nach eil a' tighinn fo dhìon Roinn 41, is e sin pacaigeadh nan ciopairean ann am bucais agus dèanamh nam bucas. B'fheudar dhuinn rabhadh a thoirt do dhithis a bha a' cumail luchd-obrach a' dèanamh bhucas às dèidh sia uairean feasgar. Uaireannan mhothaich sinn do na h-aon dhaoine aig obair chiùraigidh agus aig obair nan ciopairean, agus bha seo ag adhbhrachadh uairean anabarrach fada. Co-dhiù, chan eil sinn den bheachd gu bheil seo cumanta neo tairbheach. 'S e latha goirid a th'ann an Di-luain don mhòr-chuid: chan eil sgadan ùr ri làimh agus tha am pacaigeadh seachad tràth; ach an seo cuideachd chan urrainn cinnt a bhith againn gu bheil an lagh air a chumail, ma thachras nì sam bith a dh'fheumas cabhaig, mar bàta-smùid a' fàgail. Anns a' mhalairt seo, mar ann an ciùraigeadh, tha geur-chumail na Sàbaid leis na h-iasgairean Albannach na bheannachd mhòr dhaibhsan a tha ag obair air tìr, a' dèanamh Di-luain na latha furasda, an àite mar aon de na sia latha trang eile ann an Sasainn.

Saoilidh sinne nach biodh e na mhì-ghoireas cudthromach do na ciùrairean neo don obair air fad ged a b'èiginn dhaibh Roinn 26(2) a chumail tron obair gu lèir, le neart lagha — 's e sin latha-tàimh air Di-sathairne. Ann an Alba dh'fhaodadh Di-luain a bhith na latha-tàimh, ach ge b'e as bith dè an latha a thaghte bhiodh e na bheannachd mhòr don luchd-obrach, oir, le bhith cho fada air falbh bho an dachaighean, tha feum aca air tìde dhaib' fhèin airson gnothaichean dachaigh mar nighe an aodaich, glanadh nam bothan, càradh agus na nithean eile airson nach eil tìde aca lathaichean eile. Ged a bhiodh iad ag obair air sgadan ùr, tha sinn den bheachd nach dèanadh uairean suidhichte bìdh cron sam bith air cor na h-obrach, agus gun dèanadh e mòran feum slàinte don luchd-obrach.

Anns na h-àiteachan-saillidh an teas na h-obrach stadaidh na cùbairean aig uair feasgar airson dìnnear mhòr a bhios an còcaire aca air a dheasachadh dhaibh aig an àm sin. Bheir an dìnnear agus a' phìob às a dèidh suas ri leth-uair a thìde, ach cha toir na mnathan a tha a' stad aig an aon àm ach gann cairteal na h-uarach. 'S e am barail gu bheil a' chlann-nighean agus na cùbairean air na h-aon uairean, ach bhon tha an tè a tha a' pacaigeadh beagan air dheireadh air an fheadhainn a tha a' cutadh, tha iadsan ga cuideachadh agus a' call tìde a tha na cùbairean cinnteach gu bheil iad a' feumachadh.

Chan eil teagamh nach eil a cheart uimhir de dh'fheum aig na boireannaich air an aon ùine ris na cùbairean, agus, mar a thubhairt sinn, tha sinn a' creidsinn nach dèanadh e cron sam bith air an obair air fad. Airson na cuid as motha tha na boireannaich a' cur suas leis na h-eadar-dhealachaidhean eadar iad fhèin agus na fir, ach ann an grunnan ionadan bha iad a' ceasnachadh dè bha an Achd ag ràdh a thaobh nan nithean seo, agus an robh uair shuidhichte ann airson bìdh. Co-dhiù, 's e luchd nan ciopairean as motha a tha a' fulang bho uairean fada, agus tha seo gun teagamh a chionn agus gu bheil obair daonnan aca. Ged a tha fios aig daoine air fìrinn na cùise, bidh iad a' labhairt mar gum b'e an seusan, abair ann an Caolas Bhalta, uireas obair 's a tha a' chlann-nighean a' dèanamh ri linn an t-samhraidh, ach air feòrachadh dhuinn fhuair sinn a-mach gu bheil a' chuid mhòr den chlann-nighean, ach a-mhàin muinntir Shealtainn, ag obair sia mìosan den bhliadhna ann an àite às dèidh àite.

Ged a bha fear de na ciùrairean a' bruidhinn air "turas beag samhraidh", tha muinntir nan ciopairean ag obair fad na bliadhna agus, a chionn agus gu bheil iad ceangailte le àirleasan agus geallaidhean, chan eil saorsainn-obrach aca. Nuair a thathar a' bruidhinn mu dhìth ghoireasan, bu chòir cuimhne a bhith air an ùine fhada a tha a' chlann-nighean a' cur feum air na nithean sin, bhon thathar ag agairt giorrad seusain mar leisgeul an aghaidh cosgais air goireasan; ach chan eil an seusan goirid agus tha na h-uairean cho mì-chinnteach agus gum bu chòir cùisean-obrach a bhith dòigheil. Tha sinne den bheachd gu bheil na h-àiteachan-saillidh, mar a tha iad an dràsda, gun chabhsair, gun dìgean, gun dòigh glanaidh, nan cunnart-slàinte, agus gun tigeadh mòran buannachd bho chabhsairean le dìgean a chur air an talamh. Tha na taighean-beaga agus na goireasan eile a th'ann an dràsda cho neo-fhreagarrach agus truagh agus nach eil sinn a' dol a dh'iarraidh tuilleadh de nithean a tha gun fheum, ach 's fheudar rudeigin a dhèanamh mun timcheall agus sin gu cabhagach. Nar beachd bu chòir sealltainn ri staid nan àiteachan-còmhnaidh aig an aon àm, oir saoilidh sinn gum biodh e na bu fhreagarraiche taighean-beaga nam ban a chuir làimh ris na fàrdaichean aca. Tha seo a' toirt a-steach glanadh nan taighean-beaga agus uisge-ruith cuideachd, nithean ris na bhuin sinn anns a' chuimhneachan mu àiteachan-còmhnaidh a tha an cois an sgrìobhaidh seo.

Is Fhiach a Chlann-nighean

Riamh bho thòisich ciùradh an sgadain gu lìonmhor aig toiseach na 9mh linn deug, bha daoine ri toirt an aire dhan a' chlann-nighean — na boireannaich sin nach dèanadh obair an sgadain a' chùis às an aonais. Seo mar a sgrìobh Seumas Wilson air clann-nighean an sgadain sa bhliadhna 1842:

Though the gutters are not a few of them good-looking creatures, yet the appearance of the general mass after they have worked an hour or two beggars all description. Their hands, their necks, their busts, their

"dreadful faces thronged and fiery arms",

every bit about them fore and aft, are spotted and be-sprinkled with little scarlet clots of gills and guts. Bloody and all begrimed with slime, the gutter stands up with knife in hand or stoops her horrid head "with scaly armour bright" and, plunging her bare and brawny arms again into the trough, scatters her gills and guts as if no bowels of compassion existed any more on this terraqueous globe . . .

Towards evening, they carefully wash their faces, arms, legs and slip on again their better garments to go sedately about their business.

Nach iongantach an greim a bha clann-nighean an sgadain a riamh ri gabhail air inntinnean dhaoine nach robh iad fhèin aig an obair?

Cha robh guth air a leithid sin anns na h-Eileanan san 9mh linn deug, neo air a' chost Bhucach na bu mhotha. Cha robh ann a bhith aig an sgadan ach obair chruaidh agus chunnartach a bh'aig daoine ri dhèanamh gach bliadhna airson am beòshlainte. Gun teagamh, bha e còrdadh ri mòran aca, or 's e nàdur *gamble* a bh'ann dhaibh uile, agus chan eil duin' againn nach bi dòchasach fortan a dhèanamh aig amannan air rudeigin.

Thòisich iasgairean nan Eileanan ri dol air chuairt gu Tìr-Mòr a ruith an sgadain an toiseach le bhith ghan gabhail air mar chriutha ann an Steòrnabhagh leis na ciad bhataichean Bucach a thainig air tòir an sgadain anns na h-1820an. Dheidheadh iad an cois nam bàtaichean sin gu Tìr-Mòr a-rithist nuair a leanadh iadsan an t-iasgach chun a' Chost an Ear. Cha b'fhada às dèidh sin gus an robh cuid de dh'iasgairean nan Eileanan ri leantainn an sgadain anns na bàtaichean aca fhèin, agus criuthachan de chlann-nighean a' dol air an t-slighe nan cois.

Tha cuimhne aig Dòmhnall Dòmhnallach à Tolstadh bho Thuath air a' chlann-nighean a bhith falbh chun an sgadain nuair a bha e na bhalach aig toiseach na linn seo fhèin, agus tha fhios nach robh mòran atharrachaidh air a' ghnothaich fad na h-ùine a bha boireannaich nan Eileanan ri dol chun an sgadain.

Tha e ràdh gu feumadh a' chlann-nighean a bhith seachad air sia bliadhna deug a dh'aois mus leigeadh am pàrantan air falbh iad. Anns a' chiad bhliadhna 's e cuibhlearan a bh'ac' orra; aig deireadh an t-seusain nuair a thilleadh iad dhachaigh, bhathas ri sealltainn orra mar eòlaich aig obair an sgadain. Bhiodh a' chlann-nighean bu shine ri sealltainn às dèidh nan òganach.

Ged nach robh na cuibhlearan air a bhith aig an sgadan riamh, bha eòlas ac' air fhaighinn aig an taigh air an obair a bha rompa. Bhiodh na h-eòlaich ri sealltainn dhaibh ciamar a làimhsicheadh iad cutag, dè an dòigh a ghabhadh iad air pacadh an sgadain anns na baraillean — agus ciamar a cheangaileadh iad na luideagan air an corragan.

Bhiodh uaireigin na ciùrairean fhèin a' tighinn timcheall nam bailtean anns na h-Eileanan a thoirt àirleas do chlann-nighean airson a thighinn a dh'obair dhaibhsan aig an sgadan. Ach mar a fhuair na ciùrairean eòlas air na boireannaich bu shine, thòisich iad ri toirt cead dhaibhsan na criuthachan a thogail iad fhèin.

Bha triùir nighean anns gach criutha, dithis a' cutadh agus an tè leis an druim a b'fhaide ri pacadh. Bhiodh iad a' feumachadh aodach obrach: bòtannan beaga; dà phaidhir stocainnean suas chun na glùin; aparan oilisgin; agus an rud air an smaoinicheadh sinn an toiseach — na beannagan air an ceann, air an ceangal nan dòigh fhèin, gu tric le aon churlag a-mach air a' mhaoil.

Abair coileid sa mhadainn a bha a' chlann-nighean ri falbh. Bha na cisteachan ghan lìonadh an oidhche roimhe sin, agus tràth sa mhadainn thigeadh na cairtean ghan iarraidh airson an toirt suas gu cidhe Steòrnabhaigh. Bha na cisteachan glaiste agus, a thuilleadh air a sin, bhiodh na bodaich air ròpa làidir a cheangal timcheall orra. Choisicheadh a' chlann-nighean suas am baile a ghlacadh na stiomair a bha dol ghan toirt a Shealtainn neo a dh'Inbhir Uig neo dhan a' Chaol a ghlacadh trèana, a rèir cò am port sgadain san robh iad ri dol an sàs an toiseach.

'S e am pasaids tarsainn a' chuain anns na soithichean, 's dòcha, an rud bu dorra a bha tachairt dhan a' chlann-nighean. Na ceudan ac' air bòrd, nan sìneadh air na deicichean, tinn le cur na mara, gun duine ann a shealladh riutha. Cuid aca cho fann agus nach robh dragh ac' ged a dheidheadh am bàta fodha is iad fhèin còmhla rithe.

Ann an Sealtainn, bha a' chlann-nighean ri còmhnaidh ann a hutaichean fiodha, triùir ac' anns gach leabaidh. Anns na bailtean iasgaich air Tìr-Mòr — Inbhir Uig, a' Bhruaich, Ceann Phàdraig, Yarmouth agus Lowestoft mar bu trice — bhiodh rumannan ac' ann an taighean agus gach rùm cho làn 's a ghabhadh e.

Bha an tuarasdal aig àm nan 1920an mar seo: tasdan air gach baraill (eadar an triùir); 3d airson ath-lìonadh san uair. Nan tigeadh iad dhachaigh le £20 airson sia seachdainean, bha sin na phàigheadh mòr dhaibh. Ma bha sgadan ann agus daoine deònach a cheannach, bha obair gu leòr aig a' chlann-nighean agus dhèanadh iad cosnadh. Mura robh, thilleadh iad fhèin agus na h-iasgairean falamh, agus fiachan ri feitheamh orra aig an taigh nach robh rian ac' a phàigheadh.

Cha robh cianalas a' cur dragh orra: chan e mhàin na bh'ann de chlann-nighean an àite, ach bha fireannaich nan Eileanan aig an iasgach cuideachd, feadhainn ac' le bàtaichean iad fhèin ach barrachd ac' ag obair air bàtaichean Bucach.

Bhiodh fireannaich nan Eileanan a' tadhal air a' chlann-nighean a dhèanamh cèilidh; agus còmhla ris a sin, bha mòran dhe na Gàidheil ri dol a-mach gu na seirbheisean Gàidhlig aig na miseanaraidhean, gu h-àraidh air Latha na Sàbaid. Mar seo, is ann bu dòcha cianalas a bhith air cuid nuair a thilleadh iad dhachaigh!

Bha fhios aig a' chlann-nighean glè mhath dè mar a bha dol dha na bàtaichean a bh'aig muir, agus bhiodh eagal orra aig àm droch thìde, agus iasgairean gu leòr — an athraichean, am bràithrean agus an carbhaidhean fhèin aig amannan — ann an cunnart am beatha.

Seo aon de sgeulachdan cianail an ama sin. Thathas gha h-innse cuideachd airson beachd a thoirt air cho tràth 's a thòisich iasgairean nan Eileanan ri dol chun an sgadain lem bàtaichean fhèin.

Air an 8mh latha deug dhen Lùnasdal anns a' bhliadhna 1818, chaidh deich bàtaichean-iasgaich a chall ann an Inbhir Uig. Cha robh e furasd a thighinn a-steach dhan a' phort sin idir, fo shiùil; agus nuair a bhuail an gèile, rinn na bàtaichean air a' chladach. Ach is ann a bha an cunnart rompa. Bha eòlas ac' air tighinn gu tìr tro na suailichean, ach cha robh seo furasd aig an àm a b'fheàrr, agus nuair a bha am muir na thosd cha mhòr gun gabhadh e dèanamh idir.

Chaidh deich bàtaichean às an rathad, a' chuid bu mhotha ri bualadh ris a' chladach. Cha d'fhuair gu tìr beò ach àireamh bheag dhe na criuthaichean aca. Am measg nan deich bàtaichean seo bha trì à Leòdhas, agus chaidh dà criutha a chall uile, agus triùir a-mach às a' chòignear air bòrd na treas tè. Chaidh 37 a dh'iasgairean a chall ann an Inbhir Uig, trì deug ac' à Leòdhas.

Air an aon oidhche sin, oidhche ris nach biodh dùil, gèile samhraidh, chaidh 94 de dh'iasgairean a bhàthadh air a' chosta Bhucach.

Bha àireamh mhòr de bhoireannaich aig obair a' chutaidh air feadh na rìoghachd, agus 's ann à Alba a bha a' chuid bu mhotha ac'. Chì duine mar a bha an t-iasgach ri dol sìos ma sheallas e ris na figearan:

A' bhliadhna	Clann-nighean
1901	19,000
1913	12,872
1925	10,140

Bha àireamh nan Gàidheal (boireannaich nan Eileanan an Iar) timcheall air 10% dhe na bh'ann gu lèir. Is ann à Leòdhas agus à Barraigh a bha a' chuid bu mhotha.

Ged a bhiodh clann-nighean agus iasgairean nan Eileanan ri tadhal fad' is farsaing air feadh Bhreatainn ann an cois an sgadain aig amannan, bha aon phort ann air an robh iad mòr-eòlach — agus 's e sin Inbhir Uig (neo Wick). Bha ceangal eadar Steòrnabhagh agus Inbhir Uig airson ùine mhòir, fhad 's a mhair iasgach an sgadain, airson còrr air ceud bliadhna.

Bha an t-Uigeach eòlach air na Gàidheil agus gu math toilichte leotha anns a' mhòr-chuid, neo-ar-thaing Sabaisd Mhòr Inbhir Uig. Gun teagamh, is ann a rinn am batal sin iad na bu chàirdeile na bha iad riamh roimhe.

Tha cuimhne mhath aig na daoine as sine ann an Inbhir Uig chun an latha seo fhèin air a' chlann-nighean Ghàidhealach a bhiodh a' tighinn a-nall a h-uile bliadhna airson a' chutaidh. Dh'innis tè a chaidh a thogail ann na h-òige mar a bha aig an àm sin — Iseabail Salmon, a tha an-diugh ri còmhnaidh ann an ceann a Deas Shasainn:

> I was born and brought up in Wick. My father was a cooper and my mother a member of a crew of Wick fisher girls. For several summers we took in a crew of Gaelic fisher girls; it wasn't like taking in lodgers, it was just the done thing if one had room, and often our fathers were working in the summer in the Shetland Isles, so we had extra accommodation . . .
>
> The women would sit on the braes knitting, whilst they waited for the boats to come in, dressed immaculately (although in oilskins and Baltic boots) as if they were ready for a church service. As one passed through Lower Pultney in Wick, one could hear them singing the lovely Gaelic songs as they worked at the herring . . .
>
> These workers were truly the salt of the earth; they worked from 6am to 9am filling up the herring barrels as the cured fish sank in the brine, for 4d per hour. And then from 10am till midnight over the gutting benches, lit by flares at night, in order to keep up with the enormous herring catches of that time.

Anns a' bhliadhna 1862 bha 1,122 de bhàtaichean aig an iasgach ann an Inbhir Uig gu lèir: seo an ìre bu mhotha a ràinig iad a riamh, agus bha gu leòr ann às na h-Eileanan an Iar; chithear bàtaichean SY ann an dealbh a chaidh a ghabhail sa bhliadhna sin.

Ged a chaidh ìre nam bàtaichean sìos às dèidh 1862, cha deach an sgadan; is ann a bha na bàtaichean ri fàs na bu mhotha — agus beagan na bu shàbhailte dhaibhsan a bha dol annta, 's dòcha. Nuair a thòisich na bàtaichean ri meudachadh, dh'fheumadh iad tighinn chun a' chidhe agus dh'fhalbh lathaichean a bhith cur an sgadain gu tìr air a' chladach.

Nuair a bhathas ag ullachadh an leabhair seo, bha seann sgiobair iasgaich ann an Inbhir Uig dham b'ainm Uillidh Thain, agus bha cuimhn' aige air an *Claymore* fhaicinn ri toirt suas ri 400 nighean bho Steòrnabhagh gu Scrabster, agus iad air an t-slighe chun an iasgaich. Bha esan ag ràdh nach robh mòran Beurla ac' idir ach nach robh iad fada gha togail.

Obraichean math dha-rìribh, ars Uillidh, a bh'annta, agus bha iad glè dhiadhaidh cuideachd, ri dol dhan eaglais gach Sàbaid. Agus bhiodh iad ri seinn amhranan Gàidhlig aig an obair.

Anns a' bhliadhna 1910, thuirt Uillidh, bha a' chlann-nighean a' faighinn 3d sa bharaill, ach an dèidh sin bha iad ri dèanamh barrachd pàighidh aig an sgadan na dhèanadh iad air mhuinntireas air a' gheamhradh. Agus bha bhith aig an sgadan ri còrdadh riutha tòrr na b'fheàrr.

Cha robh an seann sgiobair ro dhèidheil air cuid dhe na ciùrairean a thachair ris na bheatha aig an iasgach: "Sometimes, curers would say they had failed and not pay the crews." Dè an criutha a bhiodh aige fhèin air a' bhata Bhucach? "In the 1880s and 1890s we would have four Heilanmen, a skipper and a mate. The Master would get £40 bounty from the curer at the start of the season plus 10/- per cran. The Heilanman would get £6 plus 6d in each pound earned by the skipper."

Ged a ghlacadh corra bhàta suas ri leth-cheud crann, cha robh an àireamh àbhaisteach aca ach mu thrì cruinn anns an oidhche.

Gheibh sinn beachd air beatha làitheil na cloinn-nighean agus nan iasgairean air a' Chost an Ear le bhith leughadh nan iomraidhean a rinn na h-Eaglaisean air an obair a bha iadsan ri dèanamh am measg nan Gàidheal aig an iasgach.

Bha na h-Eaglaisean gu lèir ri deanamh cuideachadh dhan a' chlann-nighean anns na puirt iasgaich, chan ann a-mhàin ri cur sheirbheisean air chois ach ri dol a shealltainn orra far an robh iad a' fuireachd. Agus obair bodhaig cuideachd: ri ruith hutaichean anns am faigheadh a' chlann-nighean leigheas air na gearraidhean agus na lotan a bhiodh iad ri fulang air an làmhan.

Tha e furasd dhaibhsan nach robh riamh aig a' chutadh dìochuimhneachadh cho trom 's a bha an obair air na boireannaich. Seo fiosrachadh bho Nurse Chamshron, a bha ruith àite-leighis dhan Eaglais Shaoir ann an Lowestoft sa bhliadhna 1921:

From 27th October to 26th November I had 490 patients, and as some of these patients had as many as six to eight — rarely less than three — small sores to be dressed, I was kept fairly busy. I consider the dressing hut a very great boon to our men and women, as was the canteen attached. It was a joy to visit the girls, for they are always so pleased to see their minister and other workers. The Sabbath and Monday Gaelic meetings were a fine sight, and to know and see how much their religion means to our West Coast girls must be a help and inspiration to those who work among them.

Agus chan e gearraidhean a-mhàin. Seo bho fiosrachadh Nurse NicCoinnich, a bh'aig an aon obair ann a Yarmouth:

> My work at Yarmouth, which was very interesting and which I enjoyed very much, was chiefly hand-dressing cuts, salt sores etc. among the girls and a number of Stornoway fishermen with sea-boils. Before the new dressing station opened I went round each morning with dressings etc. to girls who were not able to come out and were off work with foot sores, poisoned legs and illness. Twelve girls were under medical treatment, suffering from acute neuralgia, gastric enteritis, gastritis, one heart case, poisoned arm, accidents, high temperatures from chills and colds, two cases of measles; but all were at work again within ten days . . . we would have about fifty cases a week.

Bha seo a-mach à mìle boireannach a bh'aig an sgadan a' bhliadhna ud.

Sin taobh de dh'obair an sgadain nach robh an luchd-turais agus luchd nan camarathan ri faicinn neo ri tuigsinn.

Ann an Inbhir Uig, bha muinntir nan Eaglaisean ri saothrachadh am measg muinntir an iasgaich, agus aig an àm sin cuideachd, bha iad ri faicinn gu robh iad a' faotainn toraidh. Seo mar a sgrìobh an t-Urr. Adhamh Gunna, ministear a chuir an Eaglais Shaor Aonaichte dhan àite sin sa bhliadhna 1913:

> It was a great privilege to minister to our Gaelic fishermen and fishing girls for three Sabbaths at Wick and two in Lerwick in June and July. At Wick, the services were hampered by the lack of a Gaelic-speaking woman to bring the Deputy into touch with the men and women as they arrive. What struck me most at Wick was the great disparity in numbers between the fishermen and the girls attending the service. Of the latter, there was always a goodly number, chiefly from Lewis.

Innsidh iomraidhean nan Eaglaisean cuideachd rudeigin mu ghnothaichean an iasgaich, mar a rinn an t-Urr. Seòras Moireach à Peitidh agus e a' sgrìobhadh air Yarmouth sa bhliadhna 1913. Seo a' bhliadhna mu dheireadh de dh'iasgach mòr an sgadain; thainig an Cogadh Mòr san ath bhliadhna agus cha do dhìrich iasgach an sgadain a chaoidh tuilleadh suas ris an ìre aig an robh e roimhe.

Tha an t-Urr. Moireach ri ràdh gu robh 999 bàta aig an sgadan ann a Yarmouth a' bhliadhna ud, agus naoinear anns gach criutha; bha timcheall air còig mìle boireannach aig a' chutadh; a thuilleadh air a sin, bha ciùrairean, marsantan, cartairean agus luchd-obrach eile ann, a' toirt na h-àireimh gu ceithir mìle deug gu lèir.

Fiosrachadh bhon Bhean-ph. Tod à Lowestoft:

In Lowestoft the girls are widely scattered all over the town, living in private lodgings. They do not, as in Peterhead etc., live in large sheds, set apart entirely for themselves and where one finds from 18 to 24 of them collected, ready to be spoken to, hear God's word read, or to converse on things they wish to talk over or get advice about.

I fell on the plan of going out in the evenings after the girls had stopped work, and as they took their evening walk on the principal thoroughfares of the town, I accosted them in their native tongue, much to their surprise. A salutation in their dear native Gaelic was always a means of bringing a smile to their faces and a light to their eyes.

In towns such as Lowestoft, there are many attractions to entice the girls — theatres, picture palaces in abundance. To the greater number of Highland girls, these things make little appeal. The moral standard of these girls is irreproachable and in an English town, far from their homeland, they are upholding the religious traditions of their native Scotland.

Chaidh criuthaichean de chlann-nighean a thoirt gu Yarmouth is Lowestoft anns an Dàmhair 1914, ach nuair a thòisich na Gearmailtich ri bomaigeadh nam bailtean sin, chuir na ciùrairean a' chlann-nighean dhachaigh.

Ged nach do ràinig iasgach an sgadain an ìre a bh'aige ron a' Chiad Chogadh, bha iasgairean agus clann-nighean ri leantainn an sgadain a-rithist nuair a sguir an Cogadh, agus bha cuid de sheusanan math gu leòr ann gu ruige 1939.

Bha nise riaghailtean air an cur air bhonn airson math na cloinn-nighean agus nan iasgairean, gus cuideachadh a thoirt dhaibh bho na h-Eaglaisean is eile, a bha dèanamh oidhirp air cruadal nam boireannach a leasachadh. Agus bha na h-inbhich agus na ciùrairean cuideachd ri faicinn gu robh a thìde acasan rudeigin a dhèanamh dhaibhsan a bha a' tighinn thuca a h-uile bliadhna agus a' dèanamh maoin dhan a' bhaile aca.

Mar seo, leughaidh sinn mu dheidhinn cèilidhean a bhith ghan cur air chois ann an Sealtainn airson airgead a thogail gus pàigheadh airson *dressings* do làmhan nam boireannach. Agus a' chlann-nighean fhèin ri seinn aig na cèilidhean sin.

Ann a Lowestoft, sa bhliadhna sin, bha obair nan Eaglaisean fo ùghdarras an Riaghaltais, agus tha e soilleir gun do rinn seo feum. Thuirt a' Bhean-ph. Tweedie, a chuir an seusan a-steach air sgàth a' Home Mission san àite sin, gun tug i seachad 7,523 de chupain teatha agus

bunaichean. Chaidh 2,413 dhen a' chlann-nighean fhaicinn airson leigheas lotan agus ghearraidhean air an làmhan; mar seo, chaidh còrr air leth na bh'ann a bhoireannaich fhaicinn aig àm air choreigin.

Ged a bha iad fad' air dheireadh leis a' ghnothaich, mar as tric a tha, rinn an Riaghaltas Achd airson cuideachadh muinntir an iasgach — Herring Curing (Scotland) Welfare Order of 1926:

> According to this Order, facilities must be provided by the Curers for treatment and rest on behalf of their shoreworkers. Also a first-aid dressing station with all the needful accessories: means also whereby workers can rinse hands and clothing after work. These stations must be sufficiently lit and warmed and be in charge of skilled persons. Curers may enter into agreement with others, whereby they can acquire the use of such first-aid dressing stations.

Agus 's e sin a rinn na ciùrairean: chaidh iad an cois muinntir nan Eaglaisean, agus thug iad airgead seachad gus an obair am measg muinntir an iasgaich, a bha na h-Eaglaisean air a bhith dèanamh o chionn fhada, a chumail a' dol. Gun teagamh, bha na h-Eaglaisean ri faicinn an obrach fhèin na b'fharsainge na bha na ciùrairean; cha robh guth aig na ciùrairean ach air gnothaichean corparra, ach cha dèanadh sin a' chùis idir dha muinntir nan Eaglaisean: *"Prayer and Bandages"*, an dà chuid, a bh'acasan, agus 's e an ùrnaigh a bha faighinn a' phrìomh àit'.

Chan eil teagamh sam bith nach do rinn na h-Eaglaisean air fad obair mhath aig an iasgach airson iomadh bliadhna; agus am measg rudan eile, bha seo na mheadhan air a bhith toirt dhaoine bho Eaglaisean eadar-dhealaichte gu chèile. Agus bha a' chlann-nighean, agus na h-iasgairean cuideachd, glè mheasail air na rinn na h-Eaglaisean dhaibh.

Dè an deireadh ris an robh an t-saothair mhòr a bhathas ri dèanamh gach bliadhna aig an sgadan air feadh na rìoghachd ri teannadh?

Sgadan fallain, air a dheagh chiùradh ann am baraillean ceart, a ghabhadh reic ri Gearmailtich is Ruiseanaich is eile, airson maoin a tharraing a bheireadh tuarasdal dha na mìltean de dhaoine a bha dol ris an obair gach bliadhna.

'S e na cùbairean agus a' chlann-nighean a rinn seo, còmhla riuthasan a bha cumail sùil gheur air an obair a bha iad ri dèanamh — na h-Oifigearan Iasgaich, a bha stèidhichte anns gach port.

'S e an cùbair am prìomh fhear anns an obair. Bha timcheall air trì mìle cùbair ann nuair a bha an t-iasgach aig ìre mhath anns na 1880an, is cha robh iad a' cosnadh aig an iasgach ach 35/- san t-seachdain. Fad a' gheamhraidh bhiodh an cùbair ri dèanamh bharaillean, agus dhèanadh e 24 san t-seachdain, airson pàigheadh tasdain gach baraill. Dh'fheumadh na baraillean a bhith anns a' mheud cheart, dìonach agus air an deagh chlàrachadh. Nuair a thàinig na clàran iarainn a-steach, rinn sin obair a' chùbair na b'fhasa — ach chaill e pàirt dhe sgil, 's dòcha.

'S e an cùbair a bha cur an t-salainn air an sgadan an toiseach nuair a bhathas gha robhsadh mus deidheadh a chutadh. Dhèanadh salainn sam bith a' chùis airson seo, ach nuair a bha sgadan sgoilte gha phacadh anns na baraillean, 's e salainn Spàinnteach a b'fheàrr leis. 'S e an cùbair a dh'innseadh dhan a' chlann-nighean a bha cutadh gu dè an seòrsa taghaidh a bhathas ag iarraidh air sgadan an latha sin fhèin, agus cia mheud. 'S e an cùbair a chanadh ris a' phacair gu dè cho teann, neo eile, 's a bhathas ag iarraidh an sgadain anns na baraillean. Agus an rud bu chudthromaiche, 's dòcha: 's e an cùbair a dhèanadh am picil.

Chan eil teagamh nach biodh rud dhen a seo ri tuiteam air a' chlann-nighean a b'eòlaiche bho àm gu àm, ach 's ann air a' chùbair a bha an cùram.

Nuair a fhuair an Scotch Cure am prìomh àite anns an Roinn-Eòrpa anns na bliadhnaichean às dèidh 1850, bha na Gearmailtich a-mhàin ri gabhail 80% dhen an sgadan a bhathas a' glacadh ann an Alba. Anns a' bhliadhna 1882, mar eisimpleir, b'e seo 662,264 baraill.

Falbh chun a Sgadain

Is iomadh sgeul a gheibhear fhathast air a bhith dol chun an sgadain, bho boireannaich a bha thall 's a chunnaic. Tha a sgeulachd fhèin aig a h-uile tè a chaidh a riamh chun an iasgaich, agus tha taghadh math dhen bheul-aithris seo ri fhaotainn ann an àite eile anns an leabhar.

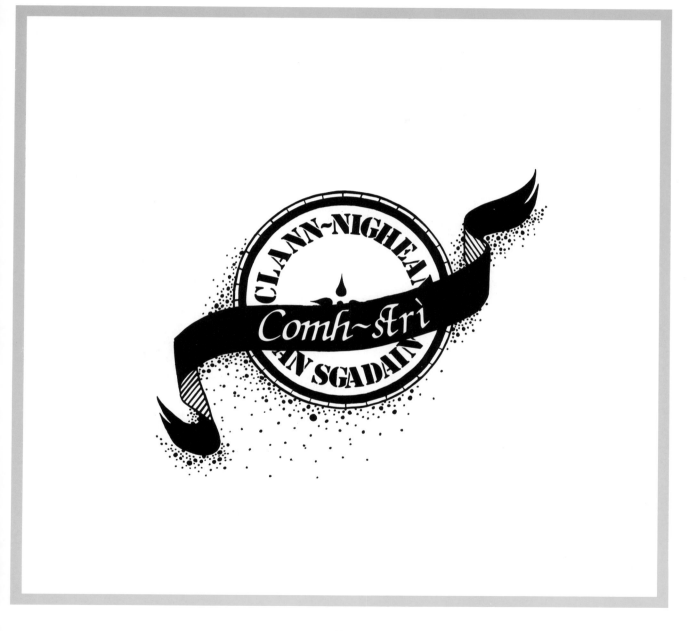

Air an t-7mh latha fichead dhen Lùnasdal 1859, thòisich aimhreit mhòr ann am baile Inbhir Uig eadar na h-iasgairean Gàidhealach a bha ag iasgach anns a' bhaile aig an àm agus iasgairean agus sluagh Inbhir Uig fhèin.

Bhiodh na h-iasgairean a' leantainn an iasgaich às an dàrna h-àite dhan àit' eile, agus sin mar a gheibh sinn na h-iasgairean Gàidhealach am baile Inbhir Uig aig an àm. Fhad 's a bha an t-iasgach a' dol, bhiodh mìltean de choigrich ann a thuilleadh air sluagh a' bhaile fhèin. Anns a' bhliadhna 1840 tha cunntas gu robh deich mìle pearsa, eadar fhireann agus bhoireann, ann a thuilleadh air luchd-fuirich a' bhaile fhèin, fad sia seachdainean an iasgaich. Bha am baile air a dhùmhlachadh cho mòr agus gu robh dusan duine a' fuireach anns an aon rùm ann an àiteachan.

Mar a thachair uair is uair — buaireadh ag èirigh às adhbhar glè bheag — thachair ann an Inbhir Uig ann an 1859. Dithis bhalach òg (balach Wickeach agus balach Gàidhealach) a' sabaid mu ubhal — 's ann às a sin a dh'èirich Sabaisd Mhòr Inbhir Uig.

Bha na Wickich a' cur na coire gu lèir air na Gàidheil — gun tug iad racaidean air a' bhalach Wickeach bhon a bha e dèanamh a' chùis air a' bhalach Ghàidhealach mun ubhal. Ach faodar a ràdh nach robh fhios ciamar a bha — dè a rinn am balach Wickeach, neo dè a thubhairt e riuthasan a thug làmhan dha. Neo dè a thachair mu bhalach Wickeach eile a thàinig nan lùib, agus leis an d'fhuair e fhèin racaidean.

'S ann mun dàrna balach a bha seo a thàinig maoir-shìthe agus a thàinig an nì a bh'ann gu aire sluagh a' bhaile. Rug na maoir-shìthe air a' Ghàidheal a bhuail am balach, agus dh'fhalbh iad leis airson a chur a-steach. Chaidh na Gàidheil eile a bha an làthair nan uabhas airson seo, agus dh'iadh iad timcheall air na maoir-shìthe airson am prìosanach a thoirt às an làmhan.

Leis a seo, thòisicheadh air clachan a thilgeil air gach taobh, agus chaidh uinneagan anns an Taigh-Chùirte a bhriseadh. Thachair gu robh an Siorraidh, Procadair an Lagha, triùir mhaor-shìthe, agus an ceann aca, a-staigh san Taigh-Chùirte aig an àm; agus nuair a chual' iad an iorghaill a-muigh agus a thàinig na glainneachan nan splionndars mun claigeann, thàinig iad a-mach dhan doras a dh'fhaicinn dè an t-uabhas a bh'ann.

Chuir na maoir-shìthe a bha muigh dithis eile ann an làimh, agus chuir seo tuilleadh fadaidh ris an teine. Thàinig an Siorraidh a-mach agus thug e earail air a' chuap iad sìtheachadh sìos agus a dhol mu sgaoil, ach cha tugadh iad cluas dha, ach a' glaodhaich an fheadhainn a bha air an cur an làimh a leigeil às.

71

Chaidh na maoir-shìthe a chur fo na casan, agus bha bualadh agus pronnadh thall 's a-bhos. Chaidh fios air Mgr. MacAoidh, am ministear, agus dh'fheuch esan ri reusanachadh ris na Gàidheil iad sìtheachadh agus a dhol mu sgaoil, ach cha tugadh iad cluas dhàsan na bu mhotha na thug iad dhan t-Siorraidh.

Chaidh fios air Pròbhaist a' bhaile agus air na Bàillidhean, agus chuir an Siorraidh airson na ghabhadh faighinn de dhaoine airson maoir-shìthe a dhèanamh dhiubh còmhla ris an fheadhainn eile. Le bataichean deas aca, agus cead an làmh a shìneadh, thug iad seo ionnsaigh cumhachd air na bha air an t-sràid, agus chaidh aca air an gluasad agus am fuadach a-null air an drochaid do Phultneytown. Leis a seo bha an t-sabaid aig an Taigh-Chùirte seachad. Bha grunn math air an leòn, agus dà fhichead leòsan glainne air am briseadh.

Bha sgeula mun t-sabaid air a dhol tron bhaile air fad, agus eadhon a-mach gu muir. Mus robh an t-sabaid seachad, bha caiptean soithich a bha air acair ann am bàgh faisg air làimh — e fhèin agus còig duine deug dhen sgiobadh aige fon cuid armachd — air an t-slighe gu Inbhir Uig airson cuideachadh. Ach bha an t-sabaid air sgur mus do ràinig iad.

Cha robh na Gàidheil ullamh idir, ged a chaidh an cur a-null air an drochaid do Phultneytown. Ach bha na maoir-shìthe na bu deiseile an turas sa, agus choinnich iad iad mun tàinig a' chùis gu ìre mhòr sam bith, agus sgap iad iad. Ghlac iad dithis dhiubh leis na cabair aca, agus chaidh an dithis sin a chur an làimh.

Chaidh Latha na Sàbaid seachad gu rèidh, riaghailteach, is an t-urram àbhaisteach gha thoirt dha. Chaidh an còrr dhe na prìosanaich nach deach a leigeil a-mach air urras oidhche Shathairne a leigeil a-mach gus am biodh iad air am feuchainn aig Cùirt madainn Di-luain.

Thàinig Di-luain agus àm na Cùirte. Bha na Gàidheil air cruinneachadh ann am mòr-àireamh air beulaibh an Taigh-Chùirte, a' feitheamh gus an tòisicheadh a' Chùirt. Leis na bha air tachairt feasgar Di-sathairne, agus leis cho bagarrach 's a bha a' chùis a' coimhead, cho-dhùin an Siorraidh gum b'e an nì bu ghlice gun Chùirt a bhith idir ann. Agus sin a thachair.

Cha deach na bàtaichean gu muir an latha sin air sgàth na sìde, agus bha mòran sluaigh air na sràidean. Fad an latha bha monmhar tron bhaile, agus chaidh làmhan a thoirt do dh'fheadhainn dhe na maoir-shìthe.

Di-màirt, bha am buaireadh an aon rud, agus chaidh grunnan dhaoine a leòn, eadhon ged a bha trì fichead constabal air am faighinn còmhla ris na maoir-shìthe eile.

Bha an aimsir dona a-rithist Di-ciadain, agus cha deach na bàtaichean gu muir. Leis a seo bha an t-uabhas sluaigh tron bhaile. Bha luchd-fuirich a' bhaile fo mhòr-eagal ro na Gàidheil, agus gu leòr aca air iad fhèin a ghlasadh a-staigh anns na taighean agus nach meantraigeadh iad a-mach. Bha cuideachd a h-uile duine aca aig an robh arm a loisgeadh urchair air na h-airm sin uidheamachadh, agus iad aca a h-uile taobh a dheidheadh iad tron bhaile.

Eadar na sabaidean agus gainne nam maor-sìthe agus an t-eagal a bh'air an t-sluagh, bha a' chùis cho dona agus gun do chuir an Siorraidh fios a Dhùn Eideann a dh'iarraidh cuideachaidh bhon an Arm. An làrna-mhàireach, Diardaoin, dh'fhàg ceithir oifigearan agus ceud saighdear dhe na West York Rifles Dùn Eideann airson rian a chur air baile Inbhir Uig, agus ràinig iad am baile air an luing am *Prince Consort* madainn Di-sathairne. Leis a seo bha neart mòr aig ùghdarrasan a' bhaile. Eadar na bha iad air fhaighinn bha aca a-nis: ceud saighdear bhon an Arm; buidheann armaichte bho gach tè dhe na soithichean, am *Princess Royal* agus an *Jackal;* 300 constabal a thuilleadh air na maoir-shìthe àbhaisteach; agus còmhla ris a sin cuideachadh bho shluagh a' bhaile fhèin.

Bha dùil gu robh a' chùis seachad ri linn na bha seo a bhith an làthair, ach cha b'ann mar sin a bha. Eadar deich agus aon uair deug oidhche Dhiardaoin, chaidh droch dhìol le sgeinean agus airm dhen t-seòrsa sin a dhèanamh air Gàidheil ann am Pultneytown le Wickich agus le Gallaich eile nach buineadh dhan bhaile. Chaidh fuileachadh air naoinear dhe na Gàidheil agus bha còignear ac' air an stobadh.

B'e seo an call mu dheireadh a rinneadh anns an aimhreit agus chaidh dithis Ghallach a chur a-steach air a shon. Chaidh na saighdearan agus na feachdan eile tron bhaile, agus cha do mheantraig duine air an còrr trioblaid a dhèanamh. Chaidh crìoch air Sabaisd Mhòr Inbhir Uig.

Còig bliadhna deug às dèidh Sabaisd Mhòr Inbhir Uig, bha ùpraid eile anns a' Bhruaich. Thachair seo air oidhche Shathairne, a' chiad latha dhen Lùnasdal ann an 1874, agus seo mar a sgrìobh fear às a' Bhruaich air:

> Fortunately for the credit of the town and the people of Buchan, the culprits who started and ''made'' the riot were fiery and lawless Celts from the Island of Lewis, and adjoining country, who had gathered in their thousands at the premier herring station of Scotland, for the purpose of assisting in the prosecution of the great summer herring fishing.

> Oidhche Shathairn' dol gun t-Sàbaid,
> oidhche 's fhèarr leam anns a' Bhruaich . . .

Sin a bhiodh a' chlann-nighean a' seinn, agus is iongantach mura canadh na h-iasgairean an aon rud. Co-dhiù, 's e oidhche Shathairne an aon ghreiseag a bh'aig daoine nan tàmh fhad 's a sheasadh an t-iasgach.

Agus bhiodh e nàdurrach gun deidheadh na balaich suas dhan a' bhaile air oidhche Shathairne. As dèidh sia latha a chur seachad air do chuingealachadh ann am bàt'-iasgaich, is tu air a bhith sgìth, is fliuch is salach, cha bhiodh e nàdurrach dhut fuireach innte fad na *weekend* agus cothrom agad a dhol air tìr — ma bha airgead na do phòcaid a bheireadh air tìr thu.

Agus cha robh dìth airgid air na Gàidheil an oidhche Shathairne ud ann an 1874 anns a' Bhruaich, oir fhuair iad pàigheadh an latha sin fhèin. Bha e na fhasan aig an àm ud a bhith pàigheadh nan iasgairean aig toiseach an t-seusain airson an ''sgadain-tràthail'' — sin an t-iasg a chuirte air tìr ron 20mh latha dhen Iuchar, a' chiad latha oifigeil dhen t-seusan, a rèir nan ciùrairean.

Bhiodh iadsan a bh'air tuarasdal air bòrd nam bàtaichean Bucach ri togail cnap beag airgid air an latha ud. Bha seusan ceart rompa, agus dùil ri airgead math a dhèanamh às. Faodar a chreids gu robh pàigheadh an sgadain-tràthail gha fhaicinn mar *bonus* acasan a choisinn e, airson a chaitheamh air aon oidhche mhath mus tòisicheadh na h-ochd seachdainean de dh'obair chruaidh an t-seusain cheart. Agus tha fhios gu robh marsantan a' bhaile a' dèanamh mar a b'urrainn dhaibh airson gun deidheadh airgead an sgadan-tràthail fhàgail aca fhèin.

'S e "Heilanman's Fray" a bh'aig muinntir na Bruaich air oidhche pàigheadh an sgadain-tràthail, agus iad eòlach gu leòr air Eileanaich na Gàidhealtachd. Bha iadsan air tìr, is a' chiad airgead a fhuair iad bhon uiridh a' losgadh toll nam pòcaidean.

Bha dà mhìle iasgair Gàidhealach sa Bhruaich an samhradh ud, a' chuid mhòr air tuarasdal air bàtaichean Bucach. Bhiodh mu dhà mhìle de chlann-nighean Ghàidhealach ann cuideachd, aig a' chutadh. Ach ged a bha a cheart uiread de chlann-nighean ann 's a bh'ann de dh'fhireannaich, cha leughar 's cha chluinnear smid orrasan a bhith gabhail gnothaich sam bith ris an ùpraid a bh'ann. Cha robh an seo ach dol-a-mach nam fear.

Nach eil e neònach mar a thachair an dà ùpraid a bha seo — Sabaisd Mhòr Inbhir Uig ann an 1859 agus Sabaisd na Bruaich a-rithist — eadar na Gàidheil agus muinntir an taoibh an Iar? Bha an dà dhol-a-mach cho coltach ri chèile (agus bheir e ùpraid Bheàrnaraigh nar smaointean cuideachd).

Tha e coltach gur e na Leòdhasaich a bh'air cùl còmh-stri. Agus 's e gun deach fear ac' a ghlasadh san Taigh-Chùirt a chuir an t-sradag ris an fhàd gach turas.

Seo mar a chaidh sgrìobhadh mu dheidhinn a' ghnothaich aig an àm, agus cha leigear a leas tuilleadh a ràdh . . .

> A detachment of Gordon Highlanders was promptly despatched from Aberdeen, and at the appearance of the kilted warriors in the town, the bravado of the Celts immediately disappeared . . .
>
> On Sunday, the ministers of the town took advantage of condemning from the pulpit the outrageous conduct of the Highlanders. One congratulated himself on the fact that none of them belonged to his congregation; another said that such conduct on the part of the hypocritical and much psalm-singing and praying Highlanders did not surprise him . . .
>
> Backed up by soldiers, who lined the piers, the policemen, the day after the riot, proceeded on board the fishing boats in the harbour and carefully examined each Highlandman's head. The idea was to identify the ringleaders by the wounds on their heads, caused by blows from the constables' batons . . .
>
> This created the greatest possible mirth among the soldiers and crowds of civilians who watched the proceedings . . .
>
> After trial, several of the leading rioters were sentenced to periods of imprisonment ranging from one to two years.

O cò thogas dhìom an fhadachd?

Fuaim an uisge, fuaim na gaoithe,
fuaim a' ghèile tha mi cluinntinn,
's feagal orm, 's tu na do chuibhlear,
gun toir mac a' Ghoill do char as'd.
O cò thogas dhìom an fhadachd?

O gur mise tha gu brònach
cluinntinn fuaim na gaoithe mòire,
's feagal ormsa, 's gun thu eòlach,
gun toir gaoth nan seòl a-mach thu.
O cò thogas dhìom an fhadachd?

O gur mise th'air mo leònadh
mach is dhachaigh às a' mhòine,
faicinn làraichean do bhrògan,
's nach dèan an tuil mhòr am falach.
O cò thogas dhìom an fhadachd?

O gur mise th'air mo lèireadh —
a ghràidh, an cuala tu fhèin e?
Thuirt iad riumsa gun d'rinn m'eudail
m'fhuathachadh is tèile leantainn.
O cò thogas dhìom an fhadachd?

Saoilidh fear ma bhios tè àlainn
nach eil càil aig' ach a tàrsainn,
ach 's ann tha i ri glùin a màthar,
's tòrr dha fàilligidh air falach.
O cò thogas dhìom an fhadachd?

'S iomadh oidhch', ged bhiodh am bùrn ann,
ruigeadh tu mi, ghràidh, nad chrùban,
's ged bhiodh m'athair air a ghlùinean,
dheidheadh tu dhan a' chùil air falach.
O cò thogas dhìom an fhadachd?

'S e mo cheist an fhìnealt àlainn,
'n t-aodann às an robh an deàrrsadh —
dhèanadh cùl do chinn dhomh sgàthan
nuair, a ghràidh, a bha thu agam.
O cò thogas dhìom an fhadachd?

(Mar a sheinnt' e san Rubha)

. . . 'S e cuibhlear a chanadh iad ris an fheadhainn sin, nuair a bha iad a' dol a-mach an toiseach agus bha iad cho lapach anns an obair. Air a' chiad latha bha a h-uile duine ri tòiseachainn ann an àite air choreigin, agus an duine a b'fheàrr, is e bhiodh *One*. Agus bhiodh an fheadhainn a bha nan cuibhlearan air am fàgail air an deireadh. Cha bhiodh iad cho math ris an fheadhainn a bha muigh roimhe.

Bhiodh a' chlann-nighean eile ri lorg maighstir, agus bhiodh sinne deònach falbh nan gabhadh e sinn; agus nan gabhadh, bha sinn ri falbh le ainm an fhear sin dhan àite bha sinn ri dol. Chaidh mise (a' chiad uair) a dh'Eilean Bhaltaigh agus chan eil duine beò dhan a sin an-diugh ach aon tè ann an Dùn Bheirgheasaigh, tè a mhuinntir Chiribhig. Bha ise còmhla riumsa san rùm; 's e sin an t-àite anns an deach sinn an toiseach.

Bha iad ri toirt dhuinn aon not de dh'àirleas an toiseach agus dh'fheumadh sinn falbh chun an duine sin a thug dhuinn i.

Bhiodh ciste fiodha againn ri falbh. Bha sinn ri toirt leinn as t-samhradh aodach na leap, plaide agus an t-aodach a bhiodh oirnn. Bhiodh sinn ri faighinn na sgian bhon a' mhaighstir.

Is ann air an t-*Sheila* a'bhiodh sinn ri falbh, air an oidhche. Bhiodh e ochd uairean mu ruigeadh sinn an Caol. Nar sìneadh, le cur na mara — bha mise nam shìneadh anns an trèana agus anns an stiomair, ri cur a-mach. Agus a' chuid mhòr dhan a' chlann-nighean mar sin.

Dh'aithnicheadh sinn na h-Eileanan Mòra nuair a ruigeadh sinn iad; bha h-uile tè an uair sin ri tòiseachadh ri gòmadaich.

Ach an uair a chaidh mi Shealtainn gu Baltaigh Sound, a' chiad uair, is ann a dh'fhalbh mise air an stiomair gu Sealtainn, gu Lerwick, agus bha sinn a' faighinn stiomair bheag ann an sin gu Baltaigh Sound, Eilean Bhaltaigh.

Bha sinn a' faighinn gu màireach airson cur air dòigh an taigh agus na soithichean. Cha bhiodh na cisteachan ri ruighinn cho luath rinn fhìn idir.

Dh'fheumadh an t-aodach againn 's na brògan a bhith anns na cisteachan. Dh'fheumadh sinn a bhith toirt leinn rud à Steòrnabhagh às na bùithtean — oilisgin is mar sin, 's a fàgail ar n-ainm anns na bùithtean. Bha fiù an t-aodach a bhiodh sinn a' cur mur corragan, anart buidhe, yellow calico.

Bhiodh sinn a' fuireach ann an seada fiodha le rud beag de stòbha ann; cha robh càil ann ach sinn. Mas e triùir a bha gu bhith anns an rùm, is maite gu faigheadh iad bòrd. Is ann air na

cisteachan a bhiodh sinn ri suidhe is iad suas air beulaibh na leap. Leapannan an ceann a chèile, cha b'e buncaichean, ann am Baltaigh.

Bha sinn ri faighinn gual bhon a' mhaighstir airson an teine an asgaidh. Bhiodh tè mu seach orderly, agus bhiodh sinn fhìn ri ceannach nan soithichean nuair a ruigeadh sinn a-muigh. Bha sinn ri ceannach sgàthan agus bha sinn ri ceannach lampa; bha sinn ri ceannach a h-uile càil a bhiodh an taigh ag iarraidh, agus a-rithist, bhiodh sinn ri roinn sin agus an rud a thigeadh air do luck — bhiodh sinn a' cur crann air a h-uile càil.

Bha sgadan ri tighinn a-nuas bho na bàtaichean agus ghan cur dhan a' bhucas mhòr, am fàrlain. Bha fear dha na cùbairean ri cur salainn air an sgadan mar a bha e tighinn a-steach anns na baraillean. Agus nuair a bha sinn ann an Sasainn bha rud mar basgaid ann, is 's e *swells* a bh'ac' air. Ach 's e baraillean mòra a bha air an dèanamh air a shon, le beul mòr agus dà bhasgaid gha chur dhan a h-uile baraill. Bha iad ri dol ann an làraidhean each — cha robh càr ann an uair sin.

Cha robhas a' buntainn dhan an sgadan ach gun cuireadh iadsan salainn air mar a bha e tighinn a-steach, agus cha robh an còrr ri dol air anns na bucais, gu 'n tugar a-mach fear mu seach iad.

Cha robh mise glè mhath air cutadh, cho cliobhar ri càch, ach cha tugainn mo chùl dha gin a' pacaigeadh.

Tha an sgian agam fhathast.

Bhathas ri toirt asd' a' chaolain mhòir agus gha thilgeadh ann am bucas. As t-samhradh, bhiodh taghadh air an sgadan — mòr is meadhanach is beag. Bha sgadan Brand ann as t-samhradh. Bha Brand ri dol air na baraillean is bha na maighstirean ri faighinn barrachd air. Agus bha àm dhan a' bhliadhna a bha rud anns an sgadan a bha gha mhilleadh mura tugte às e, *black bag,* agus dh'fheumadh iad sin a thoirt às, na cutairean, air neo mhilleadh e an sgadan.

Bhiodh sinn ag obair gu sguireadh an sgadan ged a bhiodh e dà-reug. Bhiodh sinn a' sgur aig an uair airson ar diathad agus airson ar bracaist. Bha nise sinn ri dol dheth aig naodh uairean sa mhadainn airson uair a thìde is aig uair a-rithist. Chan fhaodadh sinn a' yard fhàgail fosgailte ma bha sgadan ann, agus bhiodh as t-samhradh an còmhnaidh — bhiodh na faoileagan ri falbh leis an sgadan agus dh'fheumadh sinn crìoch a chur air.

'S e mi fhìn am pacair, ach chan eil càil a chuimhne agam gu robh e sgìth air mo dhruim, ged a bhithinn ri dol gu math crom nuair a bha mi cur an sgadain a bhonn a' bharaill. Agus bha rud aig na maighstirean — dh'fheumadh sinn am bottom tier a shealtainn dhaibh agus bhiodh sin ghar cumail air ais uaireannan; bhiodh e aig ceann shìos a' chrowd agus bhiodh sinn ag èigheachd: "Bottom tier!" Agus dh'fheumadh esan an tier sin fhaicinn — an robh am mionach an àirde gu lèir, ged a bhiodh càch is an earball an àirde. . . . 'S e taobh a' mhionaich a bha dol an àirde dhan an sgadan. A' chiad sreath a-null agus an ath sreath an aghaidh sin, an aghaidh a chèile.

Bha mise ri cur an t-salainn air. Is iomadh là a fhuair mise: "These big paws of yours!" Chan eil fhios a'm dè fhad 's a bheirinn ri lìonadh a' bharaill; cha robh tìde againn. 'S e tubannan a bhiodh leis an sgadan a bha iadsan (na cutairean) ri cur a-mach, is ròp às gach taobh dhiubh. Bha mise ri dol sìos, neo suas, a rèir càit an robh am bucas, 's a' lìonadh sin còmhla riuthasan, is bha'n triùir againn ri falbh leis an dà thuba, mise anns a' mheadhan agus duine air gach taobh, is ghan dòrtadh dhan an tuba mhòr.

Bhiodh uaireannan nuair a bhiodh a leithid anns an tuba mhòr, nuair a bhiodh an sgadan mixed — bhiodh tìde gu leòr aig a' phacair an uair sin . . . mura biodh ann ach beagan sheòrsachan, beagan selection, bhiodh am pacair an uair sin air a mhurt le obair, le cus anns an tuba, gu faigheadh i sìos bìdeag.

Ach bha pacairean gann, bha'n obair cho duilich; ach 's e nach robh mise cho cliobhar air cutadh, gun deach mi ann. Cha robh an art agamsa a bha mi faicinn aig tòrr, is cha bu chaomh leam fuireach aig a sin.

Cha duirt iad guth a riamh gha mo mholadh, ach dh'fheumadh sinn èigheachd "Barrel!" Nuair a bhiodh am fear sin deiseil bha iadsan a' cur na bliadhna, a' mhìos agus an number agamsa air tòin a' bharaille. Is fhada a thug mi fhìn agus Long, Catrìona Thunga, agus Màiri Dhonnchaidh Mhòir — thug sinn bliadhnachan nam bliadhnachan còmhla ri chèile. Tha iad agam fhathast. O man a tha!

Bhiodh sin ag obair a h-uile latha ach Latha na Sàbaid, ach cha bhiodh sgadan ann a h-uile latha. Bha iad ri cur ceann anns na baraillean, a' chiad lìonadh, is ghan cur air an cliathaich. Bha an cùbair ri dèanamh sin. Agus a' cur tier air muin a chèile dhiubh, airson lathaichean. Bha iad an uair sin gham fosgladh agus ghan togail an àirde agus ri toirt toll anns a' chliathaich aca agus ri toirt às a' phicil, agus ri cur a' phicil dhan a' bharaill. Agus a' lìonadh an uair sin am baraill an àirde rithist. Chuireadh iad annta an aon phicil fhad 's a sheasadh e.

Bhathas ri cur a' phicil ann am baraill, agus an fheadhainn a bha tòiseachadh ri lìonadh . . . dh'aithnicheadh iad le buille an ùird air a' bharaill gu robh e math gu leòr.

Bhathas a' dèanamh dà thionndadh mar seo, an t-ath-lìonadh agus an treas lìonadh. Bha iad an uair sin ri seasamh air an ceann, len casan; bhiodh an sgadan ri dol sìos chun a' mharc, an geàrr a bh'air a' bharaill. Bhiodh e deiseil an uair sin agus bhiodh clobhd agus blacking gha chur air le Brand air ceann a' bharaill.

Nan dèanadh sinne anns an dà sheusan, eadar Sasainn agus Sealtainn, as t-samhradh, deich nota fichead, chanainn gu robh mi glè bheartach. Nam faighinn deich notaichean air mo cheann fhìn nuair a thiginn dhachaigh, an dèidh a roinn. Ach bha ar biadh oirnne — bha sinn a' faighinn deich tasdain san t-seachdain airson ar biadh bhon an duine.

Cha robh sinn a' faighinn càil a bharrachd air ar pàigheadh ach a-mhàin gu faodadh sinn sgadan sam bith a thoirt dhachaigh leinn feasgar airson a bhruich dhuinn fhìn.

Bha na cùbairean is na balaich a bha ag obair còmhla rinn glè mhath dhuinn.

Bidh mi cuimhneachadh air an rud a bhiodh clann-nighean an sgadain ri ràdh uaireigin ann an Steòrnabhagh:

> Di-haoine mo ghaoil,
> Di-sathairn' mo ghràidh,
> Là na Sàbaid a' chadail mhòir —
> Ach och, och, Di-luain!

Bha mise eadar seachd deug 's a h-ochd deug nuair a dh'fhalbh mi chun an iasgaich an toiseach. Chaidh mi a Fraserburgh a' chiad turas agus bha triùir nighean còmhla rium — bha iad na bu shine na mise. Bha mise faighinn ochd tasdain anns an t-seachdain agus iadsan a' faighinn deich tasdain. Bha iadsan air falbh dhà neo trì bhliadhnachan romhamsa. Bha dithis òg eile còmhla riumsa man mi fhìn, agus iadsan — triùir nas aosd na sinne. Bha iad cho gasd rinn — cha robh fios ac' dè dhèanadh iad rinn. Nuair a bhiodh sinn ag èirigh anns a' mhadainn 's a bhiodh sinn a' dèanamh firewood son a chur dhan teine — grèat beag anns a' hut anns am biodh sinn ri fuireach. Bha seisear againn còmhla anns a' hut. Bhiodh sinn ag èirigh aig sia uairean sa mhadainn agus a' ceangal luideagan air ar làmhan 's bha sinn a' dol a chutadh . . .

Nuair a thigeadh sinn a-steach bha sinn nar nighe fhìn 's nar glanadh fhìn. Bhiodh sinn a' dol a-mach gu na sràidean agus, nam biodh pictures ann, dheidheadh sinn a-steach ann. Bhiodh sinn a' dol dhan a' choinneamh oidhche na Sàbaid — bhiodh ministear a' dol nar cois às ar dèidh, agus a' toirt ann dà Shàbaid neo trì. Bha sinn às dèidh sin nar cuibhlearan aig Eddie Gordon. Chaidh sinn a Shasainn gu W. & J. Slater — bha sinn cho dòigheil. Bhiodh balaich an Rubha, Tholastaidh 's Nis anns na drioftairean, 's choinnicheadh sinn air an t-sràid iad. Bhiodh sinn a' gàireachdainn nuair a thigeadh sinn a-steach aig na rudan a bha sinn a' coimhead, 's dheidheadh sinn dhan leabaidh 's dh'èireadh sinn aig còig uairean sa mhadainn. Sìos dhan yard a-rithist le còta oilisgin, 's bòtannan 's seacaid oilisgin nam biodh an t-uisg' ann.

Bhiodh sinn a' falbh deireadh May neo toiseach June 's a' tilleadh tìde òrdaighean Steòrnabhaigh — feadhainn a' toirt na b'fhaide. Toirt leinn ciste le aodach Sàbaid a bhiodh oirnn Latha na Sàbaid agus aodach seachdanach. Bhiodh sinn a' toirt leinn buntàta 's uighean 's min airson lite — bhiodh sinn ann an lodgings an Sasainn 's bhiodh a' chailleach a' dèanamh lit dhuinn. Ròsd bu trice bhiodh i dèanamh — cha bhiodh sinn a' faighinn Scotch Broth idir.

Bhiodh sinn a' ceannach ornaments agus aodach curtains, aodach leapa, cèic mhòr cuideachd agus botal fìon agus jar mòr jam. Bhiodh sinn a' tierigeadh nam baraillean — cur nam baraillean air muin a chèile ann an aon sreath. 'S ann a Cheann Phàdraig a chaidh sinn a-rithist, agus thug sinn a' dol gu Ceann Phàdraig gus na sguir mise dhol chun an sgadain. 'S ann an lodgings a bha sinn ann an sin, seisear anns an rùm — mi fhìn, bean Paterson 's bean Phiaraidh, Màiri 'Ain Mhurchaidh, Ceiteag Pholaidh, Catrìona Dhòmhnaill Fhearchair. 'S e gas a bh'anns a' hut, sia cisteachan an sreath a chèile 's dà leabaidh. Sinn a bha dòigheil. Bha a' hut glè bhlàth — gas an solas cuideachd. Bha mi sia thar fhichead nuair a stad mise aig an taigh 's cha deach mi ann tuilleadh.

Bha mi fichead bliadhna nuair a dh'fhalbh mi chun an iasgaich, agus chaidh mi a Lerwick. Dh'fhalbh sia criuthaichean à Nis a' bhliadhn' ud — deich criuthaichean chuibhlearan is ceithir criuthaichean ceart aig Eddie Gordon. Bha tòrr obair ann an samhradh ud — tòrr sgadain. Bhiodh sinn a' tòiseachadh aig sia uairean sa mhadainn, 's man a bha an samhradh, nam biodh tòrr sgadain ann, cha robh uairean air a chumail ann — bhiodh e às dèidh dà-reug a dh'oidhche uaireannan mus fhaigheadh sinn a-steach. Bha sinn a' fuireach ann a hutaichean — dà chriutha anns a h-uile hut. Bha aon cheithir criuthaichean deug ann an siud.

Cha robh am pàigheadh a rèir na h-obrach co-dhiù. Tha cuimhn' agam aon samhradh 's e fìor dhroch foreman a bh'oirnn agus bha tè dhan a' chlann-nighean a' guidhe gun tigeadh laige ceithir uairean fichead air. 'S thàinig sin air. Thàinig stiomair stoc a-steach, an stiomair a bhiodh a' tighinn leis na baraillean — agus 's ann a chuir iad deoch air; 's beag tha fhios dè a bh'ann. Ach co-dhiù, 's ann a dh'òl esan cus dheth 's thug e dà latha na laighe fo tarpaulin neo canabhas anns an t-seada. Fhuair ise a guidhe co-dhiù.

Bhiodh cur-seachadan gu leòr againn. Danns 's dèanamh treigeachan air a chèile 's a h-uile seòrsa rud. Bhiodh sinn ri dèanamh ar biadh fhìn cuideachd. Mura biodh cho dòigheil 's a bha sinn nar dòigh fhìn mar siud, cha sheasadh sinn ris an obair chruaidh a bh'oirnn.

Chiad triop a dh'fhalbh mi riamh, nuair a dh'fhalbh mi na mo chuibhlear, 's e stiomair a thàinig a dh'iarraidh clann-nighean Leòdhais a Steòrnabhagh airson a dhol a Shealtainn. *St Ninian* — tha cuimhn' agam oirre fhathast. Gu dearbh, thachair gu leòr rinn innte. Thàinig ceò mhòr 's thug i aon uair deug a thìde na stad ann an ceò 's na clagan a' dol. Cha robh mise beò fad na tìde co-dhiù, bha mi cho tinn. Thug mi ùine mhòr às dèidh sin 's a' hut a' falbh leam a h-uile taobh — bha e tough. Ach 's ann timcheall a-rithist taobh Obar-Dheadhain a thàinig sinn. Bha trì cheud nighean a' falbh à Leodhas an oidhch' ud — mu mheadhan-latha dh'fhalbh i leinn timcheall air Cape Wrath. Bha e garbh 's cha b'e dol a Stronsay a b'fhearr — dol tron Phentland.

Bhiodh sinn a' dol a Shasainn — a' falbh toiseach October, a Yarmouth neo Lowestoft. Bha uairean ga chumail againn ann an sin. Bha cuid dha na ciùrairean gur ann gu seachd a h-uile h-oidhche a bhite ag obair, 's feadhainn eile gur e trì oidhche gu sia 's trì eile gu naodh. Bha tòrr coiseachd againn, oir 's ann an lodgings a bha sinn a' fuireachd. Nam biodh sgadan againn ri dhèanamh anns a' mhadainn, bhiodh againn ri èirigh aig leth-uair às dèidh ceithir airson ar òrdagan a cheangal. Tòiseachadh aig sia uairean sa mhadainn às dèidh coiseachd sìos — slìghe mhòr ri choiseachd. Bòtannan oirn 's seacaidean oilisgin le hood againn airson nam biodh uisge ann, 's h-abair gum biodh aodaichean blàth oirnn. O, cha robh sinn a' faighinn aodach air an asgaidh idir. Cha chreid mi nach e dà chiùrair a riamh aig an robh mi a thug càil dhuinn air an asgaidh.

Bha mi ann a Yarmouth dà uair bho sguir an cogadh. Bha mi ann mus deach na balaich dhachaigh — a' bhliadhna a sguir an cogadh — 's bha e uabhasach math a' coinneachadh nam balaich às an sgìre; bhiodh iad a' tachairt rinn. Bhiodh sinn a' dol sìos a Lowestoft a h-uile oidhche Sàbaid. Bha Chisholm, am ministear aig na balaich, 's bhiodh e tighinn a-nuas às Lowestoft a Yarmouth aig trì uairean — bha trì neo ceithir a chriuthaichean às Steòrnabhagh ann. Bhiodh sinn a' tighinn air ais a-steach nuair a bhiodh an searmon sin seachad, tighinn air ais a ghabhail teatha 's a' dol sìos air ais a Lowestoft, agus bha'n ath choinneamh againn shìos ann an sin. Bha fear à Applecross, Kenneth MacDonald, 's fear Hearach, Neil Morrison, agus fear eile à Geàrraidh a' Bhàird — bhiodh an triùir sin a' leantainn a' mhinisteir ri seinn 's ag ùrnaigh. Bhiodh sinn a' coinneachadh tòrr de bhalaich na sgìre bha gun faighinn dhachaigh — 1945.

H-abair gu robh e fuar a' tòiseachadh anns na madainnean anns na baraillean — na luideagan fliuch air na h-òrdagan. Bha e còrdadh rinn an dèidh sin, 's nuair a bhiodh sinn ri dol dhachaigh, a' dèanamh air King Street oidhche Shathairne far am biodh na h-iasgairean gu lèir a' cruinneachadh — cho dòigheil, laughs gu leòr 's gun cuimhn' air dè chaidh sinn troimhe fad na seachdain. Ach ag èirigh madainn Di-luain a-rithist, cha robh e cho math idir.

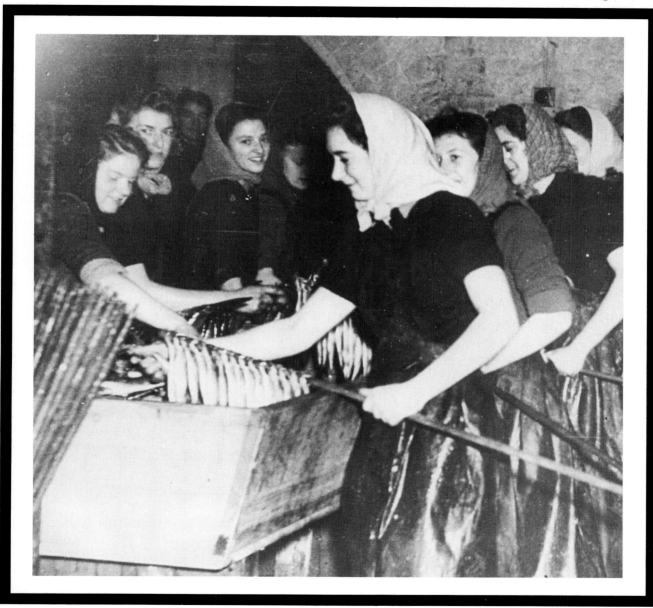

Bha ciùrair ann a Wick, agus 's e "D Mhòr Ghorm" a bh'againn air, air sgàth gur e D mhòr ghorm a bh'air na baraillean aige. Bhiodh sinn uaireannan ri falbh bho port gu port air bus neo càr. Sinn fhìn, 's na cistean, 's a h-uile càil a bh'ann. Chaidh sinn uair suas beinn mhòr "Rest and Be Thankful", 's bha dùil againn nach ruigeadh sinn gu bràth. Falbh bho Malaig gu Arrochar.

Nuair a bha sinn ann an Sealtainn, bha sinn ri fuireach ann a hutaichean agus ri toirt leinn a h-uile càil a dh'fheumadh sinn, fiù bobhstairean.

Ach ann an Ceann Phàdraig agus Yarmouth bhiodh sinn ri fuireachd ann an luidsins is cha bhiodh againn ri toirt leinn a leth uiread stuth. B'fheàrr leinn tòrr a bhith anns na hutaichean — bha cailleachan Shasainn cho greannach! Dh'fheumadh tu bhith staigh aig an uair! Bha sinn aon bhliadhna ann a Yarmouth ri faighinn 17/6 san t-seachdain airson pàigheadh ar biadh 's ar bòrd. Bhiodh a' chailleach ri gabhail 4/- agus bha'n còrr againn airson biadh a cheannach. Bhiodh seisear againn san aon rùm — triùir anns gach leabaidh. Bhiodh sinn fhìn ri toirt a-steach a' bhìdh agus bhiodh a' chailleach gha bhruich dhuinn. Gheibheadh i 24/- san t-seachdain bhon t-seisear againn.

B'fhearr leinn tòrr an samhradh, nuair a gheibheadh sinn suirghe leis na gillean! 'S e Ceann Phàdraig a b'fheàrr airson seo, air sgàth gum biodh mòran ghillean Leòdhasach ann an sin. 'S e na Bucaich bu mhotha bha toirt an sgadain a-steach do Shealtainn, ged a bha cuid aca le balaich Leòdhais air bòrd. Bhiodh sinn a' toirt danns ann an Sealtainn air Di-sathairne, agus bha e còrdadh rinn. Is ann an siud a bha a' chlann-nighean a' faighinn nan gillean, a bhròinein! Nuair a thigeadh sinn dhachaigh, a h-uile geamhradh, bha bainnsean ann! December 's January. Sin nuair a bhiodh iad a' pòsadh an uair ud. 'S e aon anns a' cheud a gheibheadh engagement anns an là ud!

Bha sinne bliadhnachan aig Duncan MacIver, ri falbh air feadh na rìoghachd, agus bha sinn aig Woodger aig àm a' Chogaidh. 'S e ciopars a bh'aig Woodger — Macfisheries mar a thàinig e gu bhith. Cha bhiodh criuthaichean aig na ciopars ann — ach air do cheann fhèin, air pàigheadh seachdanach. Bhitheadh sinn, corr uair, ri falbh gu na ciopars cuideachd, gu ruige Yarmouth, agus bha mi aon bhliadhna ann aig na bloaters — obair fhurasd a bha sin. Cha robh agad ri spliodadh an sgadan ann, ach ri cur bioran tron cheann ac', agus cha robh iad air an sgoltadh nas motha. Joba math. Bhathas ri fàgail a' mhionaich san sgadan cuideachd agus gha chruadhachadh le ceò.

Chuirinn plaide dhan chiste, 's cuibhrig, 's cluasag, 's bhiodh tèile toirt leatha plaide eile 's cluasag eile. Tèile cluasag mhòr agus tuilt, agus bhiodh cobhar bobhstair aig aon againn. Trì cupannan, truinnsearan, spàin, sgian is forc, agus palme airson do leabaidh. 'S e sin cùirtear airson a' bhunc. Bhiodh tè ri toirt leatha poit teatha, ach bhiodh coire aig a' chiùrair dhuinn. Bha sinn cuideachd ri faighinn aparan oilisgin bhuaithe, 's a' chutag, ach bha sinn fhìn ri ceannach bòtannan. Bhiodh beannag oirnn, air a ceangal air cùl ar cinn, le pìos fuilt air fhàgail sìos air ar maoil, agus fo ar smig, air a ceangal le cnot ris a' chluais, le prìne tàidh — gus am biodh sinn anns an fhasan! Bhiodh overalls oirnn, sgiort, is geansaidh snàth. Cha charaicheadh a' bheannag mar sin ged a bhiodh do cheann sa bharaill ri pacaigeadh fad an latha. Bhiodh overalls oirnn air muin nan sgiortaichean, airson an cumail glan, agus oilisgin.

Bheireadh tu eadar cairteal na h-uarach is fichead mionaid ri lìonadh baraill le sgadan air a chutadh aig dithis. Bha trì basgaidean ris a' bharaill. Tha sinn timcheall air sia ceud de sgadain mhòra samhraidh.

Bhiodh coig taghaidh againn as t-samhradh: matties, mattie fulls, fulls, deads (an fheadhainn bheag a bhiodh tu a' sadadh chun a' chùil) agus matjes. A thuilleadh air a sin, bhiodh ann an Steòrnabhagh large matjes, is e sin sgadan mòr falamh, a bhiodh ri dol a-null a dh'Aimeireagaidh. Cha ghabhadh iadsan iad gun am mionnach a thoirt asd'.

Bhiodh na foremain ri cur mu seach matjes airson an ithe air Di-sathairn'. Bhiodh iad ri 'g ràdh gu robh iad na b'fheàrr na feòil a dh'ith iad a riamh. 'S e sin sgadan brèagha an t-samhraidh agus a' mhealg air a toirt às. Bhite ri sadadh às na mealg agus na h-iuchrach a bhite ri toirt às na matjes sin a bha dol a-null a dh'Aimeireagaidh. Dh'fheumadh sinn am mionnach gu lèir a chrathadh asd'. Cha robh sinn ri dèanamh sin ach airson na marcaid àraid a bha seo.

Nuair a thigeadh daoine a cheannach an sgadain, chuireadh iad am baraill air a bheul fodha, ri fuasgladh an tòin aige agus ri toirt às sgadan. Dh'itheadh fear ac' an uair sin an sgadan agus e amh — an druim aige. 'S e sin na Ruiseanaich, na Gearmailtich agus feadhainn eile. Na branders. Bhitheadh na stock boats ri tighinn a dh'iarraidh nam baraillean. Poles agus feadhainn eile às an Roinn-Eòrpa. Bhiodh iad ri 'g òl a' phicil! Bha iad ri pàigheadh suas ri ochd not am baraill.

Bha mi ag obair air sgadan an Steòrnabhagh, agus bha sinn a' cur siùcar donn agus bay leaves air an sgadan a thuilleadh air an t-salainn. Bha seo ri dèanamh an sgadain rudeigin dearg. Sgadan dearg.

Làrna-mhàireach, às dèidh dhuinn am baraill a lìonadh, bhiodh sinn gha ath-lìonadh. Bhiodh am baraill air a dhol sìos timcheall air cairteal tron oidhche. Thollte bonn a' bharaill, gus an ruitheadh am picil a-mach às, aig ceann deich latha. Bhite ri toirt air falbh a' phicil, agus bhiodh sinn an uair sin gha lìonadh air ais. Trì lìonaidhean. Dhèanadh tu an uair sin top tier brèagha air uachdar a' bharaill cuideachd. Lìonadh sinn am baraill às dèidh am picil a thoirt às agus dheidheadh am picil an uair sin a chur ann air ais tron toll. Bhiodh an ceann air a chur air teann ron seo. Bhiodh a h-uile duine, sinn fhìn is na cùbairean, ri 'g obair air a seo. Bha sinn pàighte anns an uair airson a dhèanamh.

Bhiodh brath a' tighinn bho na ciùrairean a bhith deiseil air a leithid seo de dhate — sin agad air an deicheamh latha dhen t-samhradh — agus gu robh sinn ri tòiseachadh an uair sin air obair an sgadain.

Bhiodh bàtaichean a' tighinn gu ruige Barraigh an uair sin, agus 's ann am Barraigh a bha sinn ag obair. Bha sinn a' tòiseachadh ri cutadh an sgadain ann am Barraigh air an deicheamh latha dhen t-samhradh, agus cha bu lèir dhut Bàgh a' Chaisteil aig an àm a bha sin le bàtaichean-sgadain. Agus bha Barraigh gu math trang anns an àm a bha sin, agus bhiomaid a' cutadh ann an sin. Nuair a bhiodh an t-iasgach pailt, bha sinn air ar cumail fad na bliadhna ann am Bàgh a' Chaisteil.

Bha triùir againn còmhla. Bha dithis againn a' cutadh an sgadain aig bogsa mòr — bhiodh na h-iasgairean a' dòrtadh an sgadain ann: bha dithis againn a' cutadh agus an tèile a' pacadh. An tè a bha pacadh, bha sinne toirt dhise an sgadain, ga dhòrtadh ann an tuba mòr, agus bha ise ga phacadh.

Cha robh againn ach tasdan anns a h-uile baraillte mòr a dhèanamaid an uair sin. Nuair a bhiomaid ullamh dhe sin bhite a' fàgail nam barailltean nan seasamh trì 's a ceithir a lathaichean. Bha'n uair sin na fireannaich a bh'againn — na cùbairean a chante riutha — bhiodh iad a' tighinn agus bhiodh iad a' dòrtadh nam barailltean air an làr agus bha dithis againn a' tighinn le basgaid eadar an dithis agus a' togail an sgadain far an làir agus gu chur sa bhasgaid 's a' falbh a lìonadh suas nam barailltean a bha sin.

Is bha dà bhoireannach a' tighinn às ar deaghaidh a choimhead gu dè mar a bha an top tier — 's e chante ris — air mullach nam barailltean, is bha againn an t-earball a chur an taobh seo agus an ceann an taobh seo, circle a dhèanamh dheth mu chuairt mar sin; agus nuair a bha na barailltean dèanta againn snog mar sin, bha na cùbairean a' tighinn 's a' cur a' chinn sa bharaillte, tàbhaichean aca ag obair a' cur sìos a' chinn. Bha iad a' cur seachad nam barailltean an uair sin gus an tigeadh bàta-sgadain ga iarraidh airson a thoirt chun na marcaid.

Cha robh againn an uair sin ach tasdan anns a h-uile baraillte mòr, agus cha robh againn ach trì sgillinn anns an uair nuair a bhiomaid a' lìonadh suas nam barailltean.

Ach co-dhiù, a' bhliadhna bha seo, chaidh na boireannaich air stroig is thuirt iad nach dèanadh iad air trì sgillinn tuilleadh iad, is fhuair sinn an uair sin sia sgillinn. Sinn a bha pròiseil às an t-sia sgillinn! Gun d'fhuair sinn sia sgillinn.

Ach cha robh sinn a' faighinn sgillinn dhe sin gu deireadh an t-seusain, agus bha a h-uile cuid dhe sin a' dol còmhla — na rinn sinn de bharailltean fad an t-seusain is na rinn sinn de dh'uaireannan, bha sin ga chur còmhla, is bha iad ga riarachadh an uair sin, bha sinn ga riarachadh an uair sin eadar an triùir againn. Math dh'fhaodte gun dèanamaid deagh sheusan is math dh'fhaodte nach dèanadh, a rèir dè mar a bhiodh an sgadan.

Is a' bhliadhna a-nist a bhiodh an sgadan car slac ann am Bàgh a' Chaisteil, bha iad gar cur air falbh, an fheadhainn a b'òige — bha an fheadhainn bu shine gam fàgail ann am Bàgh a' Chaisteil; bhathar gar cur-ne a b'òige air falbh gu ruige a' Bhruaich, is gu ruige Wick, math dh'fhaodte. Samhraidhean eile, gu Ceann Phàdraig. Bha nist seusan an t-samhraidh againn an shin, is bhite a' dèanamh deagh sheusan an shin cuideachd, agus 's e an t-aon phàigheadh a bh'againn anns an uair is anns a' bharaillte an shin.

Nist, nuair a bha an seusan sin seachad, aig àm a' gheamhraidh an uair sin, bhathar gar cur gu ruige Sasainn, gu ruige Great Yarmouth air neo Lowestoft. Bha sinne a' falbh a sin agus 's ann deireadh October a bhite falbh.

Nuair a bha sinn a' dol dhan àird an ear, a Cheann Phàdraig is dhan Bhruaich, 's e taighean a bh'aig na cùbairean — hutaichean a chanadh iad riutha — san robh sinn a' fuireach. Bhiodh sianar againn anns a h-uile hut — dà chriutha. Bha'n ciùrair a' paigheadh nan taighean dhuinn is bha sinn a' faighinn pàigheadh seachdain airson ar bìdh. Ann an Sasainn, a-nist, bha loidseadh air a phàigheadh dhuinn; bhiodh bean-loidsidh ann an sin agus bhiodh am biadh aice deiseil romhainn sa mhadainn, agus dìnnear feasgar. Bha sinn a' faighinn dhachaigh aig leth-uair an deaghaidh ochd; bha againn ri bhith shìos sa ghàrradh ann an Sasainn aig sia uairean sa mhadainn. Bha sinn a' tòiseachadh ri cutadh an sgadain aig sia uairean sa mhadainn, is bhiomaid a' faighinn dhachaigh air leth-uair an deaghaidh ochd gu braiceast. Bha sinn a' falbh an uair sin suas gus am biodh e uair feasgar; bha sinn an uair sin a' faighinn dhachaigh gu ar dìnnear. An oidhche a bhiodh an sgadan trom, gheibheamaid dhachaigh aig sia uairean gu tì, ach bha againn ri tilleadh a-mach gu naoi neo deich, math dh'fhaodte. Agus is iomadh oidhche sgìth is sàraichte a bha sinn a' tighinn.

Bha againn ri rudan a chur air ar corragan, an fheadhainn a bha cutadh, clobhdan a chur air ar corragan, is 's e cuarain a bh'againn orra; bha sin air ar corragan, agus còtaichean oilisgin; is 's e sin an rig a bhiodh oirnn aig a' chutadh — còt' oilisgin agus cuarain air ar corragan; agus nuair a bhiomaid a' tighinn dhachaigh an uair sin, bhiodh e gu deich uairean oidhcheannan ann an Sasainn. Bha sinn ag èirigh aig ceithir uairean sa mhadainn is bha againn ri coiseachd sìos chun a' gharraidh — pìos math coiseachd a h-uile madainn — is a' faighinn na làraidh dhachaigh airson ar braiceast aig leth-uair an deaghaidh ochd. Ach cha robh sinn a' faighinn làraidh idir sa mhadainn — bha againn ri coiseachd. 'S iomadh madainn fhuar a dh'fhalbh sinn, le reothadh agus le sneachda air an talamh.

Ach co-dhiù, bha sinn toilichte ann, agus bha gu leòr de nigheanan Leòdhasach a' cutadh còmhla rinn agus gu leòr de bhalaich Leòdhasach aig an iasgach an uair sin; agus an oidhche a bhiomaid dheth tràth, oidhche Shathairne, bhiomaid a' faighinn dhachaigh aig ochd uairean. Bha sinn an uair sin gar glanadh fhìn agus a' falbh suas am baile. Agus bhiomaid a' tachairt ris na balaich Leòdhasach a bha sin agus a' cur eòlas orra, agus a h-uile rùm aig na nigheanan làn dhe na balaich Leòdhasach, agus chuir sinn eòlas mòr air gu leòr de nigheanan Leòdhasach agus de bhalaich Leòdhasach cuideachd. Ach bha sinn gu math toilichte anns an àm a bha sin, nas toilichte na tha iad an-diugh. Ged a bha sinn sgìth, cha robh sinn a' faireachdainn an t-saoghail a' dol seachad.

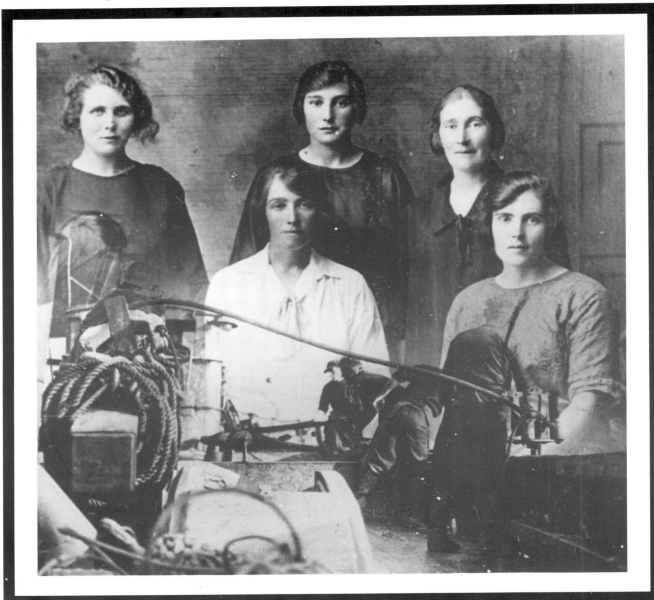

Mus robh mise sia deug dh'fhalbh mi dhan sgadan airson a' chiad uair — do Shealtainn. Bhiodh sin 1900, agus bha mi na mo chuibhlear. Bha Cogadh Afraga air sgur.

D'fhalbh an *St Ninian* à Steòrnabhagh agus bha i loma-làn de chlann-nighean. Cha do d'fhàg i voe a bh'ann an Sealtainn — ri cur a-mach clann-nighean sa h-uile h-àite bh'ann an sin. Cha mhòr gu robh àite ann an Sealtainn nach robh iad ri dol a-mach ann.

Bha mise a' cutadh 's a' pacaigeadh sgadan còmhla ri càch ged as e cuibhlear a bh'annam. Mi fhìn agus Peigi 'Ain Chaluim agus Màiri 'Ain Dhonnchaidh.

Nuair a thigeadh ciùrair ghar h-iarraidh bhiodh sinn ri faighinn an àirleis. Fhuair mise trì notaichean a' chiad bhliadhna de dh'àirleas. Agus bha ochd tasdain gu bhith againn san t-seachdain agus sia sgillinn sa bharaill. Agus trì sgillinn san uair a thìde ri 'g ath-lìonadh. Ach mus do sguir mise dhol ann chaidh beagan àrdachaidh a dhèanamh air a' phàigheadh.

Bhiodh feadhainn ri tighinn dhachaigh — clàrcan — agus bha boireannach à seo fhèin agus bhiodh iad ri sgrìobhadh thuic', agus bhiodh ise ri gabhail nan criuthaichean. Gheibheadh ise rud math airson a bhith ghan gabhail. Uaireannan còrr air fichead criuth.

Phàigheadh iad ar pasaids cuideachd, agus chuireadh iad not thugainn mus fhalbhadh sinn de dh'adbhans airson rud sam bith a bha sinn ri feumachadh. Bhiodh sinn ri toirt leinn tòrr stuth; bhiodh feadhainn dha na ciùrairean ann an Steòrnabhagh ri toirt dhuinn baraill falamh is bhiodh sinn gha lìonadh làn bhriosgaidean agus ìm. Nuair a bha thu dol a Shealtainn bha e mar gum biodh tu dol eadar Col 's am Bac. Bhiodh e tighinn oirnn tòrr dhan bhiadh a thoirt leinn. 'S dòcha gur e mìos a bheireadh sinn an Sealtainn, is thigeadh sinn a-rithist do Fraserburgh neo Ceann Phàdraig. Bliadhnachan eile, bheireadh sinn an seusan ann — ann an Lerwick.

Bhiodh sinn ri fuireachd ann a hutaichean math — hutaichean ùra ann an Sealtainn a' chiad bhliadhna — am poll mònach air ar cùlaibh às an robh sia fòid ri tighinn. Bha Sealtainn fèar mar a bha sinn fhìn ann an seo, ach nach robh Gàidhlig ac'.

Cha robh oidhche ann an Sealtainn ann, agus bhiodh sinn ag obair uaireannan fad na h-oidhche. 'S e bh'ann na bàtaichean-seòlaidh, agus bhiodh iad fada gun thighinn a-steach. Thigeadh iad uaireannan le *"overdays"*. Bhiodh sinn ri cumail air gu 'n crìochnaicheadh sinn na thigeadh a-steach. Bha e a rèir gu dè mar a bha an tìde dha na bàtaichean-seòlaidh. Bha na samhraidhean cho math an uair ud.

An cùbair na sheasamh ri toightigeadh nam baraillean, agus bhiodh tè na ruith às a dhèidh le clobhd agus peile bùirn ri nighe a' chinn agus tèile le teip agus steansail ri cur ainm a' chiùrair air a' bharaill.

Bhiodh sinn ri dèanamh trì taghaidh air an sgadan, agus uaireannan barrachd air a sin. Bha còir againn dà stab a thoirt air a h-uile sgadan gha chutadh, ged nach biodh a h-uile fear ri faighinn sin.

Bhiodh uaireannan ann a Fraserburgh agus bhiodh tòrr taghaidh ann. Bha big fulls, second fulls, mattie is mattie fulls, agus feadhainn bheaga. Còig taghaidhean. Aig deireadh an t-seusain bhiodh ''spent'' ann cuideachd. Bhiodh uaireannan leis na Stornoway matjes mealg agus iuchair annta, agus bhite ri toirt oirnn a bhualadh agus an iuchair agus a' mhealg a thoirt asd', agus bha sin ri dol a dh'Aimeireagaidh. Bha iad uabhasach particular mu dheidhinn nan Stornoway matjes. Cha chreid mi nach biodh Stornoway matjes ri dol air an teip a bhiodh a' dol air an sgadan sin, agus chan fhaodadh sinn tòrr salainn a chur orra a bharrachd. Sgadan Steòrnabhaigh agus Bhàgh a' Chaisteil a b'fheàrr, tha e coltach. Bha iad mòr.

Ann an Sealtainn bha boireannach agus bhiodh sinn ri dol thuice le fry, agus bhiodh i toirt dhuinn bainne. Ach bha àiteachan eile agus cha robh càil ann. Bha mi am Bressay cuideachd.

Ach ann am Fraserburgh bha sinn anns a' bhaile agus bha e tòrr na b'fhasa bhith beò, seach gu robh sinn am measg nam bùithtean. Bhiodh ministear agus eaglais againn ann an sin.

Bha gu leòr de chlann-nighean an sgadain ri pòsadh iasgairean. Bhiodh iad ri pòsadh ann an siud fhèin cuideachd. Bha Ceann Phàdraig fada na bu homely na Fraserburgh.

Bhiodh sinn ri ceannachd làn nan cisteachan airson a thoirt dhachaigh. Phòs Anna Dhonnchaidh Alasdair ann am Fraserburgh agus fhuair i tòrr phreusantan. Nighean le fear dha na bh'ann am Bàthadh Mòr a' Bhac.

Chaidh eathar às an rathad bhon a' Bhac is mise tighinn às an sgoil agus chaill sinn sinn fhìn ri faicinn nan eathraichean ri sgrìobadh airson nan corp. Air Di-luain Ordaighean Steòrnabhaigh, as t-earrach.

Chaidh mise chun an iasgaich ann an 1904, nuair a bha mi seachd bliadhna deug. 'S ann air a' bhàta a dh'fhalbh sinn, 's chaidh sinn a Shealtainn an toiseach agus thainig sinn às a sin a Cheann Phàdraig. 'S e siud a' chiad triop a dh'fhàg mise an taigh a riamh. Bha mi tinn air a' bhàta — tha mise tinn eadar na h-eileanan a' falbh à Steòrnabhagh, ach mus do ràinig mise Sealtainn cha robh dùil agam gum bithinn beò; tha an stiomair a' dol pìos mòr air muir. Cha deidhinn ann tuilleadh ged a bhithinn leis an acras — bha e ro fhad' às. Ach bha mi'n Ceann Phàdraig — bha e còrdadh rium ann an sin. 'S ann aig Bremner a bha sinn — bha deugachadh chriuthaichean aige às an eilean seo. Bhiodh criuthaichean à Barraigh ri dol ann cuideachd.

Bhiodh sinn a' faighinn rùm dhuinn fhìn, sianar againn — dà chriuth còmhla ri chèile a' fuireach ann a hut. Bhiodh sinn a' sgioblachadh 's a' dreasaigeadh a' hut gu 'n tòisicheadh sinn a' cutadh. 'S e pacair a bh'annamsa agus bha dà chutair agam — dà chutair às a' bhaile againn fhìn, dà phiuthair. Bha sinn glè math air obair — gle shiopal. 'S iomadh baraille a bha sinn a' dèanamh anns an latha — an latha a gheibheadh sinn an sgadan. Nise, 's dòcha gum biodh sinn a-màireach gun gin a sgadan. Dh'aithnicheadh sinn air na drioftairean bho na hutaichean am biodh sgadan aca neo nach bitheadh. Latha nach biodh sgadan ann cha bhiodh sinn a' dèanamh càil ach nar cluiche fhìn. Bhiodh sinn a' fighe — fighe geansaidhean dhuinn fhìn; bhiodh na balaich a' faighinn an cuid fhèin ach dh'fheumadh sinn jumpair ùr a h-uile bliadhna gus am biodh sinn spaideil.

Bhiodh tòrr de bhalaich Leòdhais a' dol gu Ceann Phàdraig. Bhiodh na drioftairean a' falbh bho àite gu àite — cha bhiodh iad stiodaidh anns an aon àit' idir; dh'fhalbhadh iad far an cluinneadh iad am biodh an sgadan. Cha robh bàtaichean à Steòrnabhagh a' dol gu Ceann Phàdraig idir — an uair ud co-dhiù. 'S ann a bhiodh iad a' criuthaigeadh air bàtaichean Bucach.

'S e cuibhlearan a bhiodh oirnn nuair a dh'fhalbhadh sinn an toiseach, 's bha tòrr dha na cuibhlearan a' dol a Lerwick leis nach fhaigheadh iad teans a dhol dha na h-àiteachan eile. Thàinig sinn an uair sin a Fraserburgh, 's bha mise ann a h-uile bliadhna gus na sguir mi dhol thuige. 'S iomadh bliadhna bha mi ann, gus na dh'fhàs mi aosd. Bha mi ann a Wick cuideachd.

Thachair rud dhòmhsa agus b'fheudar dhomh sgur dheth. Bha sinn a' togail bharaillean — nuair a tha'm baraille deiseil tha sinn ghan togail nan tierichean gus nach bi iad anns an rathad: trì tierichean an àirde. Bhoill, bhuail fear dha na baraillean na mo bhroilleach-sa agus thàinig cnap air mo bhroilleach, 's b'fheudar dhomh sgur 's a dhol dhan ospadal, 's am broilleach a thoirt dhìom. 'S e iarann a bh'anns a' chearcall a bh'air a' bharaille — chaidh mise air an insurance às dèidh am broilleach thoirt dhìom. Cha robh leithid a rud ann ri compensation anns an là ud, ach nam b'ann an-diugh a bhiodh e air tachairt bhithinn air fhaighinn.

Bhiodh sinn ri toirt leinn cisteachan le ar cuid aodaich gu lèir. Cha bhiodh sinn ri toirt leinn biadh idir — bha sinn ri faighinn pàigheadh seachdain airson ar biadh bhon chiùrair, deich tasdain an tè anns an t-seachdain; bha sin a' cumail biadh rinn. Bha dà leabaidh anns an rùm — triùir anns gach leabaidh. Bhiodh tè mu seach orderly airson uallach am biadh a dheasachadh. Bhiodh an tè a bhiodh orderly a' ruith a-steach anns a' mhadainn tràth airson am bracoist a dhèanamh. Ach nam biodh i a' cutadh, chan fhàgadh i an cutadh idir. Ach nam biodh sinn ag ath-lìonadh — sin ri dèanamh an àirde nam baraillean a rinn sinn an-dè — ruitheadh i steach. Bha uair a thìde againn aig ar biadh. Mus deidheadh sinn a-mach bhiodh sinn ag ullachadh rudeigin airson ar diathad — soup neo rudeigin, cha bhiodh sinn gun bhiadh idir. Chan fhaodadh sinn sin 's sinn ag obair cruaidh.

Uaireannan eile bha sinn glè shlac, nuair nach biodh cus iasgaich ann ach dhà neo trì bharaillean. Bha sinn air ar pàigheadh anns a' bharaille — naodh sgillinn againn anns a' bharaille eadar an triùir, trì sgillinn an tè; 's e siud a bh'aig a h-uile duine. Chan aithne dhòmhs' na chuir iad suas a riamh e ach naodh sgillinn. Aig deireadh an t-seusain, 's e am pàigheadh a bha sinn a' faighinn naodh sgillinn anns a' bharaille eadar an criuth 's beagan a bharrachd airson ath-lìonadh — sia sgillinn anns an uair airson ath-lìonadh.

Thàinig sinn dhachaigh iomadach uair le treallaich airgid. Nam biodh deich notaichean clìor againn, bha sinn air ar dòigh: sin airson ceithir mìosan — a rèir an sgadain a bha e. Cha robh càil againn ach am pàigheadh seachdain mura biodh sgadan ann. Bliadhnaichean 's bha an sgadan glè bhochd, 's bliadhnaichean eile 's bha e glè mhath. Bhiodh sinn ri toirt dhachaigh tòrr phreusantan gu na càirdean 's dh'fheumadh sinn sin — blobhsaichean brèagha a chitheadh sinn ann am bùth: h-abair gum biodh sinn spaideil an uair sin nuair a thigeadh sinn dhachaigh. Bhiodh sinn ri toirt dhachaigh tòrr shoithichean, 's bha iad cho saor. Bhiodh sinn ri toirt dhachaigh leth-dusan cupan 's leth-dusan truinnsear an còmhnaidh, mil-poit 's bobhla. Bha e cho saor ann an siud a bharrachd air Steòrnabhagh.

Bhiodh sinn ri dol a thogail ar dealbh cuideachd, gu dearbha fhèin bhitheadh, 's bhiodh feadhainn ri togail ar dealbh ri cutadh aig a' bhucas — am bucas air am beulaibh, 's bhiodh iad ri cutadh 's bhiodh daoine togail an dealbh ac', ach 's ann a bha mise pacaigeadh agus 's ann thall a-rithist a bhiodh iad a' togail dealbh nam pacairean. Chan eil fios againn nach ann

às a' Ghearmailt a bha an duine bhiodh nan togail — 's beag a bha fhios againn cò bh'ann. Chan fhaigheadh sinne an dealbh a bhiodh iad ri togail idir. Bha iad fhèin ri dèanamh airgead math orra. Bhiodh sinn fhìn a' dol a thogail ar dealbh 's dh'fhaodadh sinn an cur air postcard nan iarradh sinn e — sin na deilbh a gheibheadh sinne; chan fhaigheadh sinn an fheadhainn a bhite a' togail dhinn ag obair idir. Cha bhiodh iad ag inns' gu robh iad nar togail, ach bha mise crùbt' ann am baraille.

Bhiodh luideagan air na h-ordagan againn — air a h-uile meur ach an tè bheag. Dh'fheumadh sinn luideagan neo dh'fhalbhadh an craiceann bho ar meuran. Nach robh againn ri bhith 'g obair a' robhsaigeadh an sgadain anns an tuba — dh'fheumadh an sgadan a bhith ga robhsaigeadh neo cha shailleadh e. Bha tuba mhòr air cùlaibh a h-uile pacair, far an robh sinn a' dòrtadh an dà thuba bheag a bh'aig na cutairean thall. 'S e robhsaigeadh a' chiad rud às dèidh dha bhith air a chutadh. Nuair a thigeadh duine a cheannach an sgadain, bhiodh e a' fosgladh a' bharaille 's a' breith air sgadan 's ag ithe pìos dhan an sgadan amh. 'S e Gearmailtich 's Ruiseanaich a bhiodh a' tighinn.

Oidhche Shathairn', nuair a bhiodh a h-uile duine dheth, 's ann glè ghòrach a bha sinne, na balaich agus a' chlann-nighean le chèile. Bhiodh a h-uile balach a' dol gu nighean fad na h-oidhche — a' chlann-nighean aig nach robh gille, bhiodh iad anns an leabaidh còmhla ris an tè aig an robh gille. Bha sin gu math blàth! Bhiodh feadhainn ac' a' pòsadh nuair a thigeadh iad dhachaigh ach cha robh gin a' pòsadh air sgàth gu robh aca ri pòsadh.

Bhiodh sinn ri dol dhan t-searmon Latha na Sàbaid. Bha ministear ri dol a-mach nar cois — bha Calum MacIomhair greis againn. Bhiodh iad ri gabhail turnaichean — cha biodh iad nar fàgail uair sam bith gun mhinistear. Cha robh difir cò an Eaglais dhan robh e — cha robhas a' cur càil a dh'eadar-dhealachadh aig an iasgach. Bha talla aca airson Latha na Sàbaid 's bhiodh a h-uile duine dol innt'. Bha triùir bhalach à Tolastadh bho Thuath 's bha iad nan coilearan. Cha robh coilearan aig na h-iasgairean idir ach geansaidhean brèagha, 's bhiodh iadsan nan coilearan a h-uile Sàbaid, na coilearan nan cois — bha iad cho spaideil. Cha robh coilear an cois a h-uile fear idir, ach lèine 's tàidh. Bhiodh deise Sàbaid aca cuideachd — deise ghrinn air a h-uile duine a bhiodh aca air a' bhàta. Bhiodh cist' aig na balaich, tha mi creids, 's cist' an tè againn. Bhiodh sinn ri toirt leinn ar cuid aodaich 's plangaidean, aodach-leap, soithichean, bòtannan 's brògan 's oilisgin agus aparain. Cha robh bròg leathair ormsa riamh ach bòtannan suas gu mo ghlùin, agus nach robh sin a' cumail mo chasan glan? 'S e sin a bh'air a h-uile h-aon.

'S iomadh rùm anns an robh danns. Cha robh sinne cho buileach gòrach 's gu robh danns

anns an rùm againn, ged a bha sinn gòrach gu leòr. Bhiodh sinn ri dol a-steach dha na rumannan, nach bitheadh, dol a dhèanamh ruidhle. Cuideigin às an àite ud fhèin a' cluich meileòidian. Bhiodh sinn a' gleidheadh nam balach leis an deoch — bha sinn glè chùramach nam faiceadh sinn balach nach dèanadh a' chùis air a shon fhèin. Bhiodh sinn na chumail a-staigh gu fàsadh e sòbarr. Bha sinn na chur na shìneadh dhan leabaidh — nach fheumadh sinn sin, gun fhios nach deidheadh a mharbhadh aig na daoine nam biodh e robhlaigeadh leis an deoch?

Bha a h-uile duine glè rèidh — bha na Bucaich 's na daoine às an àit' 's sinn fhìn glè dhòigheil còmhla ri chèile; chan fhaca mise sabaisd a riamh. Bha na Bucaich a-staigh anns an rùm againn a cheart cho math ris na Gàidheil. Bha a' chlann-nighean a' faighinn air adhart còmhla ri chèile glè mhath. Bha clann-nighean an Rubha ann an rùm dhaib' fhèin, 's clann-nighean Chàrlabhaigh, 's Bhriasclait. Cha do rinn sinn mòran miogsaigeadh a riamh còmhla ri muinntir an Rubha.

Bhiodh sinn a' seinn amhran gu math tric ann an siud co-dhiù — amhrain gaoil:

> 'Eil cuimhn' agad nuair bha mi
> A-muigh air cùl a' ghàrraidh,
> 'S nuair dh'iarrainn gus d'fhàgail,
> Do làmh bhith ga mo theannachadh?

O, nach mise tha gòrach — 's fhada bho leig mi seachad iad ged a bha mi glè shuigeartach orr'. Bha mise gabhail nan amhran air gach banais 's eile. Dh'fhalbh am broilleach 's dh'fhalbh an guth.

H-abair gur e àite toilichte bha measg nan iasgairean as t-samhradh còmhla ris na balaich 's ris a' chlann-nighean — bha e eadar-dhealaichte ris an t-saoghal a th'ann an-diugh co-dhiù. Bha sinne air saoghal eile aig an iasgach. Bha sinn gu math glic aig an taigh; cha robh sinn cho gòrach aig an taigh idir 's a bha sinn aig an iasgach. Nar cluiche fhìn còmhla ris na balaich aig an iasgach 's nar cumail fhìn cho glic aig an taigh. Bha a h-uile duine aotrom aig an iasgach. Bhiodh feadhainn a' faighinn engaged aig an iasgach's bhiodh bainnsean anns a' gheamhradh againn. Bhiodh na balaich a' toirt fàinne chaol le grìogagan òir dhan a' chlann-nighean — engagement neo keeper, an aon rud a th'ann.

Bha'n obair cruaidh 's na h-uairean fada, oir dh'fheumadh sinn an sgadan a chutadh gar bith dè fhad 's a bhitheadh sinn. Cha bhiodh sinn mionaid ri eadar ceithir 's còig a bharaillean, dithis gha chutadh 's mise gha phacaigeadh — bha mo làmhan cho fada. Bha'n obair a' còrdadh rinn — gu dearbha fhèin bha, am measg nam balach. Cho sona 's a bha an latha cho fada. Bhiodh mo dhruim goirt uaireannan, ach cha bhiodh sin fada dol seachad. Nach biodh sinn còmhla ri na balaich againn fhìn fad Di-sathairne 's còmhla ri na cùbairean fad na seachdain? Sinn a bha suigeartach còmhla riutha. Bha na cùbairean a' saoilsinn gu leòr dha clann-nighean nan Eilean. Cha robh gin dhan chlann-nighean an taobh againne rough, ach bhiodh feadhainn rough anns a h-uile h-àit'!

Clann-nighean an Sgadain air Stailc
(ann a Yarmouth ann an 1936)

Is muladach an t-ànradh tha fas le ar ginealaich —
Tha cunnartan air fàire 's cha thàrr thu do bhriogais às;
An cogadh tha san Spàinn is an ceàrn Abyssinia,
Gun bheothaich e a Yarmouth aig gàrlagan nigheanan.

Bannal chutairean à Leòdhas, dh'òrdaicheadh a Shasainn iad,
'N geall ri cuideachadh rin stòr 's na chumadh òg san fhasan iad;
Ach, fàth a' bhròin, chuir luchd an spreòtaidh gu cath-dhòrn is sabaid iad,
'S an tè nach deach a-mach le deòin, bha'n còrr air sgòrnan amhaich orr'.

Na boireannaich do-riaraicht' air ìocadh nan creachadair,
'S e talach air an gnìomh bhith gun dìoladh an tagartais;
Sporain nam fear-riaghlaidh a' sìor dhol an taisealadh
Tro obair mhnathan-iasgaich toirt riadh às an ainniseachd.

Chaidh reachd a-mach bhon cinn-iùil gu robh nan dùil gu stadadh iad,
'S gu 'n deidheadh ceartachadh na cùis nach tigeadh brù à sgadan dhaibh;
Bhrosnaich cabagan an dìomh gu staid is umhail cathachadh,
'S le callan eubha thog iad bùirc, "Dùbhlan mura faigh sinn e."

Bha coileid agus boirb' ann am borbachd nan cailin ud,
Onair air a dhearbhadh gun dearmad an gearainean;
Connadh ri am feirg agus seirbhead rin greannaireachd
Aig earalaich nan òraid gan tòcadh le rabhaidhean.

Ionadan san cluinnt' a' Ghàidhlig, 's Beurla gheàrr nan cùbairean
'N impis a bhith falamh fàs, gun fhuaim nan clàr 's nan cùdainnean;
Sinclair, Donaldson is càch gun iomairt làmh nan cutairean,
'S cha chluinnte cainnt neo fealla-dhà an geàrd na caillich Ruiseanaich.

Bha rud am baile Yarmouth nach càraicheadh Solamh dhaibh —
Na poilis air an sàrachadh aig cànan neo-thoinisgeil;
Sgiobairean nam bàta gun fheàirdean an comas daibh;
'S gun bladh aig an luchd-riaghlaidh do dh'iarrtas nam boireannach.

Cha robh e sàbhailt dhol an sàs am plàighean 's gun an liut ac' air,
A dhol gu blàr an aghaidh nàmhaid armaichte le cutagan;
Togail cas an aghaidh phàisdean b'adhbhar nàire 's trusdaireachd,
Nach robh nan càilm an cur an làmh ge tàmailteach an uspairn ac'.

Cha robh fàth fon ghrèin aig na spìocairean bacadh orr',
Na bàtaichean 's iad dìomhain ag iadhadh na h-acarsaid;
Tamhasg dol am fiachan nam fiamh 's e ri fachaint orr',
Is achmhasan gun iasgach cha riaraicheadh marcantachd.

Fath an dìobhail, b'fheudar strìochdadh — sguireadh strì nan gèilleadh iad,
'S bha barant sìth is feart am binn le sgrìobhadh air a sheulachadh;
Chualas caithreamachd nan nìonag feadh nan cidh' nuair leughadh e,
'S mac-talla 'g aithris nach do dhìobair iad am prìs do dh'eu-ceartas.

Gu sìorraidh tro na linntean bidh cuimhn' air na creachan ud,
'S a' bhliadhna chuir an draoidheachd air maighdeanan Shasainne,
'S ged thèid eachdraidhean à cuimhne, cha chlaoidh air an aithris seo
Aig màthraichean ga seinn leis a' chloinn air an cagailtean.

Mìle beannachd aig gach cailin — 's glan a thug sibh buaidh a-mach,
'S pàigheadh tasdan air a' bharaill agartas mu thuarasdal;
Chuir sibh cath air luchd na casaid, shabaisdich is bhuannaich sibh —
Gu h-aigeannach chaidh sibh a-mach, 's cha deach a-steach gu 'n d'fhuair sibh e!